周文化传承丛书

孝 道 卷

总主编◎傅乃璋　　本卷主编◎刘剑峰

岐山周文化研究会　编

中国文史出版社

图书在版编目（CIP）数据

周文化传承丛书. 孝道卷 / 傅乃璋总主编；刘剑峰主编；岐山周文化研究会编. —北京：中国文史出版社，2023.12
ISBN 978-7-5205-4369-9

Ⅰ.①周… Ⅱ.①傅… ②刘… ③岐… Ⅲ.①周文化（考古学）－研究 ②孝－文化研究－中国－周代 Ⅳ.①K871.34 ②B823.1

中国国家版本馆CIP数据核字（2023）第232855号

责任编辑：王文运　赵姣娇

出版发行：中国文史出版社

社　　址：北京市海淀区西八里庄路69号　邮编：100142
电　　话：010-81136606　81136602　81136603（发行部）
传　　真：010-81136655
印　　装：陕西省岐山彩色印刷厂
经　　销：全国新华书店
开　　本：787mm×1092mm　1/16
总 印 张：109
总 字 数：1406千字
版　　次：2024年9月北京第1版
印　　次：2024年9月第1次印刷
总 定 价：360.00元（全八册）

序

宫长为

习近平总书记指出："中华优秀传统文化是中华文明的智慧结晶和精华所在，是中华民族的根和魂，是我们在世界文化激荡中站稳脚跟的根基。"传承中华优秀传统文化，弘扬中华民族精神，推动中华优秀传统文化创造性转化、创新性发展，是增强文化自觉、坚定文化自信、培育和践行社会主义核心价值观、建设社会主义文化强国的必然要求，也是历史和时代发展的必然要求。因此，我们要特别重视挖掘中华五千年文明中的精华，弘扬中华优秀传统文化，要从根脉抓起。周文化是儒家文化的源泉，是中华优秀传统文化的主要根脉。

李学勤先生指出："研究周文化，要把目光集中到作为周人发祥地的岐山周原。在整个西周三百年间，岐周一直保持着政治上中心之一的地位，而且从当今的工作来说，探求周文化一定离不开岐周。"这为我们研究周文化指明了方向。岐山是一块物华天宝、人杰地灵的宝地。3000多年前，居住在豳地的周部族首领古公亶父，因受到戎狄部落侵扰，便率部众离开故土，渡过漆水、沮水，翻越梁山，迁徙到岐下周原。在这块钟灵毓秀的土地上，他们修建都邑、建邦立国，拉开了翦商崛起的序幕。历经王季、文王、武王数代人的共同努力，周人励精图治、自强不息，终于推翻了殷商王朝，建立了西周王朝。后继之君成王、康王在周公旦、召公奭、太公望等重臣的辅佐下，开创了我国历史上第一个治世——成康之治。与此同时，周人也创造出博大精深、泽被千秋的周文化。以周公旦为代表的统治者，总结并吸取了夏商两代灭亡的教训，在治国理政的实践中提出了"以德配天""敬德保民""明德慎罚"等德政思想，尤其是他们所创立的礼乐制度对后世产生了深远的影响。周文化是中华优秀传统文化的基石，是中国古代文明发展的高峰。在历史长河中，伏羲、女娲、神农三皇时期，是中华文明的奠基阶段，黄帝、颛顼、帝喾、尧、舜五帝时期是中华文明的开创阶段，而在夏商周三代，中华文明进入了长足发展的阶段，周文化已经显示出人类文明达到了一个前所未有的新高度。岐山作为周原的核心区域之一，文化底蕴深厚，周文化遗存极为丰富，这为我们研究周文化提供了珍贵的资料。

2015年至今，中国先秦史学会周公思想文化研究会在岐山县举办了五届周文化暨周公思想文化研讨会，我因此与岐山结下了不解之缘，也结识了一些岐山朋友。令我印象深刻的是：岐山作为一个文化大县，当地政府非常重视文化建设工作，有一批情系乡梓、热爱地方优秀传统文化的有识之士，每次去岐山，都能在文化建设方面看到新成果。将传承弘扬周文化与培育和践行社会主义核心价值观及乡风文明建设相结合，是岐山县在新时代精神文明建设、公民道德建设和文化建设工作方面的一大创举。2015年10月，全国首届周文化暨周公思想文化研讨会在岐山召开，时任岐山县政协主席傅乃璋先生带领县政协一班人，组织岐山学人历时 4 年，编撰出版了一套八卷本的《周文化丛书》，为当时的研讨会献上了一份厚重的贺礼。《周文化丛书》是岐山县在文化建设工作方面取得的丰硕成果之一，也是中国周文化研究最重要的成果之一，为传承弘扬周文化、宣传岐山作出了重要贡献。陈宗兴、李学勤、孟建国三位先生为丛书作序，予以高度评价。

近年来，受疫情影响，我去岐山的机会少了，但一直关注着岐山周文化研究和文化建设等方面工作。傅乃璋先生乡梓情深，热衷于周文化传承弘扬工作，退休后当选为岐山周文化研究会会长，继续发挥余热。他带领岐山周文化研究会同仁，深入贯彻岐山县第十八次党代会精神，切实落实岐山县委、县政府"做活周文化"战略部署，历时 3 年，数易其稿，精心编撰出一套由《勤廉卷》《德行卷》《诚信卷》《家风卷》《教育卷》《孝道卷》《礼俗卷》《人物卷》共八卷组成的《周文化传承丛书》，基本上涵盖社会主义核心价值观与公民道德建设的方方面面，成就显著。这套丛书与 2015 年出版的《周文化丛书》交相辉映、相得益彰，互为姊妹篇章。这套丛书以传承周文化、弘扬中华传统美德、培育和践行社会主义核心价值观、助推乡风文明建设为宗旨，将周文化思想理念、历史典故、伦理道德、传统美德、礼仪民俗、家风家训、名言警句、岐山教育、岐山名人、现代岐山人先进事迹等融为一体，具有较强的思想性、理论性和可读性，是一套传承和弘扬周文化，培育和践行社会主义核心价值观，推进精神文明建设、公民道德建设和乡风文明建设的文化精品。对传承和弘扬地方优秀传统文化、推进岐山县高质量发展具有重要的借鉴价值和现实意义。

　　《周文化传承丛书》出版在即，傅乃璋先生邀我为丛书作序，盛情难却，写下以上文字为序，是否妥当？敬请广大读者指正。希望这套丛书能得到广大读者朋友们的欢迎，也期盼大家多提宝贵意见，共同将中华优秀传统文化发扬光大，为增强文化自觉、坚定文化自信，建设社会主义文化强国作出更大贡献。

2023年12月于北京

　　（宫长为：中国先秦史学会会长、中国社会科学院中国历史研究院古代史研究所研究员）

目　录

概　述

　　孝道是中华民族的传统美德，早在三皇五帝时期，人们就很崇尚孝道，尤其在君主禅让事件上，往往把考察对象侍奉和赡养父母的情况，作为其人品的重要方面来考察和界定，由此足见中华民族早在几千年前就已经十分注重孝道了。

　　《尚书·尧典》记载："瞽子，父顽，母嚚（yín），象傲，克谐。以孝蒸蒸乂（yì），不格奸。"这是对舜孝行的明确记述：舜暴戾的父亲、酷虐的继母、用心歹毒的弟弟，三人联合起来刁难甚至想害死舜，但舜屡屡逃脱，既往不咎，仍能孝悌两全，使一家人和谐相处，并以孝道来修身自治，感化父、母、弟的邪恶。

　　《诗经》中关于孝的记载有17次，分别出现在《小雅·楚茨》《大雅·下武》《大雅·既醉》《大雅·卷阿》《周颂·闵予小子》《鲁颂·泮水》《邶风·凯风》《周南·葛覃》《小雅·伐木》等篇章，这些篇章的诗作大多是周人诗作，足可见证周人对于孝道的重视程度。周人以德配天，以孝敬祖，把德孝并称，所谓"有孝有德"。

　　春秋战国时期，受周文化影响而产生的儒家文化尤其注重德和孝。《仪礼》说："夫人伦之道，以德为本。至德以孝为先。"孝更是孔子思想的重要内容，孟子发展了孔子的学说，他同样十分重视"孝悌"的价值和意义，荀子认为"兴孝悌"是达到安民、安政的措施之一，把"孝悌"纳入礼的范畴内。《礼记》中包含有儒家非常丰富的关于"孝"的内容，《孝经》是对先秦时期孝道文化的总结和升华。

岐山是周文化的发祥地，太（泰，下同）伯、仲雍、文王、太妊、太姒、伯邑考、周公、召公等先贤的孝典故事，对后世影响广泛，在中华民族的历史长河中，秦汉唐宋，元明清民，流逝的是朝代和岁月，但孝道精神却得到了永恒的传承并弘扬，尤其是受周文化影响教育的古代和近现代岐山人民，他们以岐周先贤的孝道精神为榜样，身体力行地秉承着孝道传统美德，涌现出了无以数计的孝道典范，在正民风、化民俗、励民志、促民善、抚民安等方面，起到了十分重要的积极性作用。

《周文化传承丛书·孝道卷》，以金字塔式的编排方式，先从源头稽考和概述孝道逻辑理论，对孝道精神予以综述，然后列举出周文化中的八个孝道典故，并以之引出中华历史长河中的十大孝典，既而着眼岐山古代30个孝道典范和当今的30个弥新孝悌人物，意在进一步倡导孝道，弘扬孝道，旌表孝道，从而达到让孝道之风吹遍广袤的岐山大地，乃至中华大地的目的。

第一章 先秦时期儒家的孝道观

"孝道"文化是中国特有的，它有着悠久的历史。据考证，甲骨文中就已经出现"孝"字。"孝"是一个会意字，它的意思是一个小子搀扶着一个长着长胡子的老人。《尔雅》云："善父母为孝。"《说文解字·老部》说："孝，善事父母者。"段玉裁注曰："《礼记》：'孝者，畜也。'顺于道，不逆于伦，是之谓畜。"畜者，养也。由此可见，"孝"的基本含义是善于侍奉和奉养父母的意思。

随着社会经济的发展，个体家庭的形成，父系家长制的确立，"孝"的观念逐渐形成和发展。下面，我们首先从先秦时期儒家的经典和有关文献中来考察以周文化为源头的儒家关于"孝"的内涵和它的变化、发展。

《诗》《书》中的"孝"思想

众所周知，《尚书》和《诗经》都是经过孔子删定的儒家经典，其中包含着关于"孝"较为原始的观念和内容。

奉养父母，义不容辞

《诗经·唐风·鸨羽》："肃肃鸨羽，集于苞栩。王事靡盬（gǔ，止息），不能蓺（yì，种植）稷黍，父母何怙（借为糊，食也）？悠悠苍天，曷其有所？肃肃鸨翼，集于苞棘。王事靡盬，不能蓺黍稷，父母何食？悠悠苍天，曷其有极？肃肃鸨行，集于苞桑。王事靡盬，不能蓺稻粱，父母何尝，悠悠苍天，曷其有常？"这首诗控诉了君王事情没止息，没有时间去种稷、黍、稻、粱等农作物来侍奉父母，使父母没吃没喝，受尽饥饿。

《尚书·酒诰》是周公代表成王告诫康叔在卫国应该严厉戒酒的词令，文中记载说："肇牵车牛，远服贾用，孝养厥父母，厥父母庆，自洗腆，致用酒。"在农闲的时候，用牛车载着商品，去远处进行贸易，用来孝敬赡养父母，让你们的父母高兴。你们要在这样的时候才能饮酒。

养育之恩，理应报答

《诗经·小雅·蓼（lù）莪（é）》："蓼蓼者莪，匪莪伊蒿。哀哀父母，生我劬（qú）劳。蓼蓼者莪，匪莪伊蔚。哀哀父母，生我劬瘁。瓶之罄矣，维罍之耻。鲜民之生，不如死之久矣。无父何怙？无母何恃？出则衔恤，入则靡至。父兮生我，母兮鞠（养）我。拊（抚）我畜（爱）我，长我育我。顾（照顾）我复（庇护）我，出入腹（抱）我，欲报之德，昊天罔极。"

"蓼蓼"：长而又大的样子。"莪"：抱忍受蒿。"蒿"：青蒿。"蔚"：牡蒿。"匪莪伊蒿（蔚）"，比喻父母已经不在人世。"劬劳"，劳累。"劬瘁"，劳累而生病。"罄"，尽、空也。"罍"，盛酒的坛子。装酒的瓶子空了，是坛子（比喻周王室）的耻辱。这首诗抒发未能奉养父母、孝敬父母，而使父母离开人世之后的悲痛不已心情。"哀哀父母，生我劬劳。哀哀父母，生我劬瘁。"对父母的逝世悲伤不已。父母在十分劳累和病困中生育了我，他们不但生育我、抚养我，还疼爱我、照顾我、庇护我。对于父母的养育恩德，应该予以报答。但是，由于统治者的剥削，百姓无法生活，因而没有能够报答父母的养育之恩。这恩德不是我不报，而是皇天不让我报。

尊敬父母，娶妻必告

《诗经·小雅·小弁》："维桑与梓，必恭敬止。靡瞻匪父，靡依匪母。"父母栽种桑树和梓树，对他们应该恭恭敬敬。没有一个人不尊仰父亲，没有一个人不依恋母亲。这里说的是要对父母毕恭毕敬，要尊敬和慕念父母，不要忘记了他们。

《诗经·齐风·南山》："艺麻如之何，衡从其亩。取妻如之何，必告父母。""衡"，横也。"从"，纵也。"亩"，田垄。诗借用种麻必有田垄的道理，比喻娶妻必须告诉父母。在古代，娶必告父母是"孝"的内容之一。

孝顺父母，当立榜样

《诗经·大雅》中还说："永言孝思（孝顺先人的思想），孝思维则（榜样）；永言孝思，昭（读为劭，勤勉也）哉嗣（读为司，主持、管理）服（古代把职事称为服）。"孝顺先人的思想是全体臣民的榜样；还应该管理好自己职务以内的事情。"孝子不匮，永锡（赐也）尔类（属也，家属）。"孝子的孝顺之心真诚而不枯竭，全家永远能得到福祉。

不孝父母，罪之大焉

《尚书·周书·康诰》中还认为"不孝不友"是"元恶大憝"，是首恶大罪、不可宽恕的事情。"王曰：'封（周成王之弟），元恶大憝，矧惟不孝不友。子弗祗服厥父事，大伤厥考心；于父不能字（爱）厥子，乃疾厥子；于弟弗念天显（指上天显示的伦常之道），乃弗克恭厥兄；兄亦不念鞠子哀，大不友于弟。惟吊兹，不于我政人得罪，天惟与我民彝大泯乱。曰：乃其速由文王作罚，刑兹无赦。"这里提倡父慈、子孝、兄友、弟恭的伦常之道。如果儿子不能成就父业，大伤他父亲的心；如果父亲不慈爱自己的儿子，反而厌恶儿子；如果为弟不尊敬兄长，为兄不友爱弟弟。到了这种地步，还不受应有的处罚，那上天赐予的伦常就要混乱了。那就要赶紧用文王制定的法律来惩罚这样的人，不可赦免他们。

孔子论孝道

"孝"是孔子思想的重要内容。《论语·学而》中记载着孔子的学生有若（即有子）的话："孝悌也者，其为仁之本欤！"意思是，孝顺父母、顺从兄长，这就是仁的根本啊！在儒家看来，孝顺父母，敬爱兄长，爱人要从爱自己的亲人开始，这是实行仁德的基础。有若继续说："君子务本，本立而道生。"君子抓住这个根本，实行的基础建立起来了，人与人之间的伦理道德就会产生出来。孝悌是实行"仁者爱人"这一思想的关键。

有一次，孟懿子问孝，孔子回答说："无违"（不违背礼的规定），孔子又将这个意思告诉樊迟，樊迟不明白是什么意思，孔子向他解释说："生，事之以礼；死，葬之以礼，祭之以礼。"（《论语·为政》）父母在世时要以礼来侍奉他们，父母死亡后要以礼来安葬他们，安葬以后还要按照礼的规定来祭祀他们，这是孔子就如何孝顺父母而做出的一个最全面的论述。

如何"事生"呢？"事生"最基本的是"奉养"。首先要保证父母的吃和穿，在这个基础上，更为重要的是要尊敬父母。子游向孔子请教"孝"，孔子回答说："今之孝者，是谓能养。至于犬马，皆能有养；不敬，何以别乎？"孔子还回答子夏的问孝："色（脸色，态度）难。有事，弟子服其劳；有酒食，先生馔，曾是以为孝乎？"（《论语·为政》）如果只养活父母，对父母不尊敬，在父母面前表现出不高兴，甚至顶撞父母，即使是每一顿饭都给父母酒肉吃，不让父母做事情，也不能算做到了"孝"。孝必须要"敬"，要经常在父母面前表现出愉悦的面色，要用真诚喜悦的态度对待父母，才算是"孝"。子夏说："事父母，能竭其力。"（《论语·学而》）侍奉父母，必须做到尽心竭力。

孔子认为，为人子者不要给父母增加精神负担，不要让父母为自己担忧。"孟武伯问孝，子曰：'父母，唯其疾之忧。'"朱熹注释说："言父母爱子之心，无所不至，惟恐其有疾病，常以为忧也。人子体此，而以父母之心为心，则凡所以守其身者，自不容于不谨矣，岂不可以为不孝乎"。（《四书集注·为政注》）不要让父母为自己担忧，这是"孝"的一项重要内容。要保重自己的身体，不要使自己有疾病，而让父母担忧，更不能陷入不义，而使父母担惊受怕。孔子还说："父母在，不远游，游必有方。"（《论语·里仁》）在古代的环境条件下，人出远门很辛苦，而且不安全，父母会很担忧，就是常言说的"儿行千里娘担忧"；另一方面，当父母年老的时候，要常常在父母身边尽孝道。当然，为国家尽职守，又当是另外一回事，自古有"忠孝不能两全"的说法和若干事例。

"事生"还应该"友于兄弟"，兄弟之间的友爱，能使父母感到宽慰和开心，这也是"孝"的重要内容。孔子说："《书》云：'孝乎惟孝，友于兄弟'。"（《论语·为政》）还说："弟子入则孝，出则悌"，在父母面前要孝顺父母，在外面要尊敬兄长。弟弟要尊敬兄长，兄长要友爱弟弟，这种兄友弟恭的情况，才能使家庭和谐，让父母高兴。孔子赞颂闵子骞时说："孝哉！闵子骞，人不间于其父母昆弟之言。"（《论语·先进》）闵子骞是一位真正的孝子，别人对于他的父母、兄长赞赏他的话，都不持异议和怀疑。

"事死"有两个方面：一个方面是葬之以礼，另一个方面是祭之以礼。在周代，丧葬有一套严格的礼制规定，社会不同等级和不同阶层的人，葬礼是不同的。孔子强调，丧葬礼必须合乎与死者身份相当的规定，才算合乎礼。如果死者的儿女违背了礼制规定，来安葬自己的父母，那就是不"孝"，这就是"葬之以礼"。孔子主张"三年之丧"，认为"三年之丧"是"天下之通丧也"。[①]有一次，宰我对孔子说，"三年之丧"的时间太长了，因为"君子三年不为礼，礼必坏；三年不为乐，乐必崩。"宰我认为丧服之期一年就足够了。孔子批评他说："予（宰我之名）之不仁也！子生三年，然后免于父母之怀。夫三年之丧，天下之通丧也。予也，有三年之爱于其父母乎？"（《论语·阳货》）孔子主张"三年之丧"的原因，是因为儿女出生后，要三年才能脱离父母的怀抱，因而三年之丧，普天之下都是这样的，难道宰予你就没有得到过在

---

①墨翟：《墨子》的《非儒》和《节葬》篇中，对儒家繁缛的丧礼、厚葬和三年之丧进行批判，指出："繁饰礼以淫人，久丧伪哀以谩亲"；三年之丧使孝子"面目陷隔，颜色黧黑，耳目不聪明，手足不劲强"；"以厚葬久丧为政，国家必贫，人民必寡，刑政必乱。"他主张节葬，使生者与死者都有利益。

父母怀抱里三年的爱护吗？所以，宰予是一个没有仁德的人！同时孔子强调，"丧礼，与其哀不足而礼有余也，不若礼不足而哀有余也"（《礼记·檀弓上》）。"丧，与其易也，宁戚。"（《论语·阳货》）办理丧事，与其把礼仪办得周到详备，宁可过度悲哀，也不应重形式，而应该重实质。

孔子把"祭祀"作为治理国家的四件大事之一，祭祀礼是十分重要的。什么时候祭祀？怎样祭祀？"礼"都有严格的规定，任何时候都不能违背了"礼"。祭祀的核心是要"敬"，"祭思敬"（《论语·子张》），要"真诚"，要做到"事死如事生"，祭祀祖先的时候，就像祖先们真实地在现场一样，"祭如在，祭神如神在"（《论语·八佾》），"洋洋乎如在其上，如在其左右"（《中庸》）。如果自己不能亲自进行祭祀，那就不能让别人代替，别人代替祭了，也等于没有祭，"吾不与祭，如不祭"（《论语·八佾》）。

孔子不多讲"怪、力、乱、神"（《论语·述而》），在如何对待"事人"与"事鬼"，"生"与"死"的问题上，孔子更重视"事人"和"事生"。"季路问事鬼神。子曰：'未能事人，焉能事鬼？''敢问死。'曰：'未知生，焉知死'。"（《论语·先进》）生的事情都还没有搞清楚，怎能去了解死的事情呢？孔子在这里明确说明生重于死。一方面，孔子强调"祭如在，祭神如神在"，十分赞赏禹"菲饮食而致孝乎鬼神，恶衣服而致乎黻（fú）冕"（《论语·泰伯》）的态度。大禹吃粗糙的饮食，却把祭祀祖先和鬼神的祭品准备得丰盛；他穿很不好的衣服，却把祭服做得很华美。孔子说，我对大禹没有什么可批评的了，这说明孔子很重视祭祀。但是，另一方面，孔子"务民之义，敬鬼神而远之，可谓知（智）也"（《论语·雍也》）。由此可以看出，祭祀是儒家提倡"慎终追远"的一种文饰而已。"老死曰终""慎终"，谨慎地对待父母的死亡，即装殓、埋葬必须以诚恳的态度对待，不要留下后悔。"追远"，要以恭敬的态度进行祭祀。这样，民众的德行就自然归于忠厚了。

父母年老体衰，而且多病，这是人生历程的普遍规律。孔子强调，作为人子，不但要奉养父母，尊敬父母，还不能忘记父母的年龄。孔子说："父母之年，不可不知也，一则以喜，一则以惧。"（《论语·里仁》）一方面，父母高寿应该感到高兴；另一方面，也应该有所恐惧。因为，年龄大了，随时可能生病，也随时有可能死亡。因此，更应该多关心父母。

孔子认为，继承父志是"孝"的一个重要内容。孔子说："父在观其志，父殁观其行，三年无改于父之道，可谓孝矣。"（《论语·学而》）父亲在世的时候，要观察他的志向；父亲去世之后，要观察他的行为，如果他对父亲的志向和优点长期坚持下去，就可以说是做到"孝"了。就是说，做儿子的，要能继承父志。"三年无改于父之道，可谓孝矣。"这句话在《论语·里仁》篇中又一字不差地重复了一次。孔子的学生在编辑《论语》这部书时，为什么要让这句话重复呢？除了强调这句话意思的重要性之外，没有别的解释。

孔子的社会政治理想，是想建立一个"老者安之，朋友信之，少者怀之"（《论语·公冶长》），使百姓安居乐业的社会。要实现这一理想，必须要从"孝悌"开始，通过从爱自己的亲人开始，上对君王尽忠，下在朋友之间建立信任关系，从而扩大到爱人爱物，使社会达到和谐。在父子之间，父亲要仁慈，儿子要孝顺，这就是父慈子孝。在兄弟之间，兄姐对弟妹要友爱，弟妹对兄姐要恭敬，这就是兄友弟恭。父慈子孝是父子之间相互承担的义务，兄友弟恭是兄弟之间相互承担的义务，相互信任是朋友之间应该具有的义务。所以，孔子认为，如果一个人做到了孝悌，他的人性就得到了很好的改造，他就能遵守社会规范。孔子的弟子有若（有子）把孔子的这一思想作了深刻的理会，他说："其为人也孝悌，而好犯上者，鲜矣！不犯上，而好作乱者，未之有也。"（《论语·学而》）那种能孝顺父母、敬爱兄长的人，却喜欢触犯上级，是很少见的！不喜欢触犯上级，却喜欢造反的人，更是从来没有的。

孟子论孝道

孟子不但继承，而且发展了孔子的学说。孟子把孔子的"仁"发展成为"王道（仁政）"政治学说。在孟子的仁政学说中，同样十分重视"孝悌"的价值和意义。

孟子强调用"孝悌"来教化百姓，使百姓懂得孝顺父母、尊敬兄长的伦理道德。孟子反复论证"谨庠序①之教，申之孝悌之义"的社会功能和作用。"申"，反复、重复。各个地方行政组织，建立乡学，要反复不断地用"孝悌"道理来教育子弟。孟子说："谨庠序之教，申之以孝悌之义，颁白者不负戴于道路矣。老者衣帛食肉，黎民不饥不寒，然而不王者，未之有也。"（《孟子·梁惠王上》）孟子认为，"孝悌"的伦理观念深入人心，就能形成良好的尊老、敬老社会风气，"老吾老，以及人之老"。这样，头发斑白的老人就不至于在道路上背负或头顶重物，老年人有丝绸穿，有肉吃，使老年人的生活有所保障。做到这些还不能出人头地，是不可能的。在这样的社会背景下，人子必须奉养父母。

对父母的尊敬和奉养，是孝的基本内容。孟子在评论舜对父母的孝顺时说："孝子之至，莫大乎尊亲；尊亲之至，莫大乎以天下养。为天子父，尊之至也；以天下养，养之至也。"（《孟子·万章上》）孝子所做的最高标准，没有比尊敬父母更重大的；尊敬父母的最高标准，没有

---

① "庠序"，古代的乡学。党有庠，术有序。"党"和"术"都是古代地方行政组织。五百家为党，一万二千五百家为术，亦说千家为术。

比以整个天下来奉养更重大的。（瞽叟）成为天子的父亲，其尊敬达到了极致；以整个天下来奉养，其奉养达到了极致。这里强调的是两个字："尊"和"养"。

孟子曾经提出不孝的五条标准，其中关于赡养父母就占了三条。孟子说："世俗所谓不孝者五：惰其四肢，不顾父母之养，一不孝也；博弈好饮酒，不顾父母之养，二不孝也；好财货，私妻子，不顾父母之养，三不孝也；从（纵）耳目之欲，以为父母戮（羞辱），四不孝也；好勇斗很（狠），五不孝也。"（《孟子·离娄下》）懒惰不劳动，下棋好饮酒，贪财偏爱妻子儿女，不赡养父母，以及放纵声色、寻欢作乐，给父母带来羞辱，逞强斗殴，危及父母的安全，这些都是不孝的行为。孟子设定这五条标准，是为匡章作辩护的。公都子对孟子说，匡章这个人全国人都说他不孝，孟子还要和他交往，简直不可理解。孟子说，上面说的五条不孝标准，匡章没犯任何一条，说匡章不孝是没有道理的。孟子的这五条标准中，强调了赡养父母的重要性。

孟子所列举的三种"不顾父母之养"情况，不但古代有之，现代亦有之，自古及今，比比皆是。有的人懒惰，不去耕耘，不去挣钱，不去为父母提供生存的物质条件，因而"不顾父母之养"；有的人游手好闲，贪玩好耍，下棋打麻将，甚至酗酒，"不顾父母之养"；有的人寻欢作乐，只图个人享受，"不顾父母之养"，或者三者兼而有之。总之，"不顾父母之养"就是"不孝"。

孝顺父母之心，要始终如一。孟子以舜到了50岁还思慕父母的事情来对其加以说明。孟子说："人少则慕父母，知好色则慕少艾（少艾：年轻美丽的少女），有妻子则慕妻子，仕则慕君，不得于君则热中。"（《孟子·万章上》）一般人年幼的时候思慕父母，知道了女子的美貌就思慕少女，有了妻室子女，就思慕妻室子女，当了官就思慕君上，得不到君上的信任，就急切地盼望。换言之，一般人到了成年以后，就不再思慕父母，与父母的亲近之心就渐渐淡漠了。孟子说："大孝终慕父母，五十而慕者，予于大舜见之矣。"（《孟子·万章上》）大孝的人，终生孝顺父母，除大舜以外，再没有第二个人了。

孟子说："不孝有三，无后为大。"（《孟子·离娄上》）焦循《孟子正义》说："于礼有不孝者三事：谓阿意曲从，陷亲不义，一不孝也；家贫亲老，不为仕禄，二不孝也；不娶无子，绝先祖祀，三不孝也。"古代，娶妻必须先禀告父母，不告而娶妻，是为不孝。万章问孟子，舜"不告而取"，是何道理？孟子回答说："告则不得娶。男女居室，人之大伦也。如告，则废人之大伦以怼（duì，朱熹注：仇怨也）父母，是以不告也。"（《孟子·万章上》）男婚女嫁是人伦中的大事，如果禀告了，舜就娶不成妻，就会把废弃人伦这样的大责任归咎于父母，所以不告。孟子认为，舜不禀告是对的，把废弃人伦的大责任归咎于父母，陷其父母于不义，是不孝的行为。孟子还说："舜不告而娶，为无后也，君子以为犹告也。"（《孟子·离娄上》）娶必告父母是礼，是经，是原则；不禀告父母是"权"，孟子认为，只要保持着"经"这个总原则，"权"是可以变通的。根据历史记载，舜生活在一个不幸的家庭，"父顽（固执）母嚚（yín，愚顽）"，父亲和继母时时处处想加害于他。孟子认为，如果要禀告父母，就不能娶妻，为了完成人伦大事，为了不至于无子绝后，不告而娶妻，就不算是"不孝"了。

在"死，葬之以礼"这个问题上，儒家主张"厚葬久丧"，守孝三年是孝的范围。滕定公死后，太子派他的老师然友去向孟子请教丧葬之礼时，孟子引用曾子的话："生，事之以礼；死，葬之以礼，祭之以礼，可谓孝矣。"然后说："三年之丧，齐疏之服，飦（zhān，粥稠曰飦）粥之食，自天子达于庶人，三代共之。"（《孟子·滕文公上》）"三年之丧"既丧身又误事，难以实现。墨子坚决反对儒家"厚葬久丧"的主张，提倡"节葬"，孟子在反驳墨子的批评时说："盖上世尝有不葬其亲者，其亲死则举而委之于壑。他日过之，狐狸食之，蝇蚋（蚊类）姑（同蛄）嘬（zuō，叮、咬）之。其颡有泚（cǐ，汗出的样子），睨而视之，夫泚也非为人泚，中心达于面目，盖归反虆（léi，盛土的箕筐）梩（sì，挖土的木锹）而掩之。掩之诚是也，则孝子仁人之掩其亲亦必有道也。"（《孟子·滕文公上》）孟子说，古代有不埋葬亲人的，亲人死了以后，将尸体扔到沟壑里，后来看见狐狸在吃，苍蝇、蚊子、蝼蛄在叮咬，不忍心而汗流不断，于是回家拿起工具，把亲人掩埋起来。如果这个人掩埋尸体是正确的，那么孝子仁人安埋自己的父母亲也必然是合理的。朱熹对此注释评论说："此掩其亲者若所当然，则孝子仁人所以掩其亲者必有其道，而不以薄为贵矣。"（《四书集注·滕文公上注》）墨家主张"节葬"，而不是"不葬"，孟子把"节葬"偷换成"不葬"来加以批评。其实，墨家的主张是正确的。从朱熹说"不以薄为贵"来看，朱夫子是主张"厚葬久丧"的，这是儒家"葬之以礼"的弊端。

孟子认为，在安葬父母的用度上，要与自己的财力相当，尽到人子的孝心。孟子回鲁国安葬他的母亲后，他的弟子充虞对他说，你安葬你母亲的棺材似乎太漂亮了一点。孟子解释说："古者棺椁无度，中古棺七寸，椁称之。自天子达于庶人，非直为观美也，然后尽于人心。不得不可以为悦，无财不可以为悦。得之为有财，古之人皆用之，吾为体力独不然？且比（通庇，庇护）化者（死者）无使土亲肤，于人心独无恔（xiào，快意）乎？吾闻之也，君子不以天下俭其亲。"（《孟子·公孙丑上》）孟子强调，安葬父母用的棺椁，不仅仅是为了漂亮，还要尽人子的孝心。能达到礼所规定的标准而又具备财力，我为什么唯独不能这样做呢？棺椁用来庇护死者的皮肤不与泥土接触，人子之心也就宽慰一些。我听说过，君子不能在天下人都能做到的事情上节省安葬父母的用度。

孟子认为：事亲、孝顺父母是头等大事。孟子说："事孰为大，事亲为大。守孰为大，守身为大。不失其身而能事其亲者，吾闻之矣；失其身而能事其亲者，吾未之闻也。事亲，事之本也。"（《孟子·离娄上》）曾子是个孝子，他侍奉父亲（曾晳）时，每餐必有酒肉，将剩余的酒肉要撤去时，他必定请示父亲要将其赐给谁，若问有没有多余时，曾子必答说有。后来曾子的儿子曾元侍奉曾子时，也每餐必有酒肉，但将其撤去时不问把它给谁，若问有没有剩余，回答说没有，第二餐再把剩下的送上。孟子说，"事亲若曾子者，可也。"（《孟子·离娄上》）因为曾子侍奉父亲，不只"养口体"，还要"养志"，尊重其父亲的意愿。

孟子还把孝悌与仁义礼智结合起来，"仁之实，事亲是也；义之实，从兄是也；智之实，知斯二者弗去是也；礼之实，节文斯二者是也。乐之实，乐斯二者，乐则生矣。"（《孟子·离娄上》）仁的实质就是侍奉父母；义的实质，就是顺从兄长；智的实质，就是明白这两者不能离开；礼的实质，就是调节、修饰这两者；乐的实质，就是乐这两件事，欢乐由此而产生。仁、义的实质就是孝顺父母，顺从兄长，智、礼、乐三者皆为此两者服务。孟子强调说，使父母欢心，顺从父母，就是"大孝"。

荀子论孝道

荀子是对儒家思想具有创造性的思想家。他首先否定了孟子的"性善论"，把他的学说建立在人性本恶的基础上。他特别重视"礼"与"法"这两个范畴，提出"隆礼重法"的主张。"礼"用来改造人性本恶，"法"用来惩办邪恶和犯罪。"礼"是一切行为的最高准则，因而"孝悌"也不例外，必须服从于"礼"。

荀子同样重视"孝悌"观念。荀子学说的实践目标是"富国安民"，他认为"兴孝悌"是达到安民、安政的措施之一。但是，荀子孝道的特点是把"孝悌"纳入礼的范围之内，一切服从于"礼"的规定。荀子说："礼也者，贵者敬焉，老者孝焉，长者弟（同'悌'）焉，幼者慈焉，贱者惠焉。"（《荀子·大略》）

荀子认为，作为人君，要做到"以礼分施，均遍而不偏"；作为臣子，要做到"以礼待君，忠顺而不懈"；作为人父，要做到"宽惠而有礼"；作为人子，要做到"敬爱而致恭"；作为人兄，要做到"慈爱而见友"；作为人弟，要做到"敬诎而不苟"；作为丈夫，要做到"致和而不流，致临而有辨"；作为人妻，要做到"夫有礼则柔从听侍，夫无礼则恐惧而自竦也。"（《荀子·君道》）这里，荀子把君臣、父子、兄弟、夫妇相互之间的人伦关系做出规定，特别强调为人父要"宽惠而有礼"。

荀子也强调对父母的孝不只是"养"，更要做到"敬"。荀子引子路与孔子的对话说："子路问于孔子曰：'有人于此，夙兴夜寐，耕耘树艺，手足胼胝，以养其亲，然而无孝之名，何也？'孔子曰：'意者身不敬与？辞不逊与？色不顺与？古之人有言曰：衣与！缪与！不女聊。今夙兴夜寐，耕耘树艺，手足胼胝，以养其亲，无此三者，则何为而无孝之名也'。"（《荀子·子道》）如果对父母的行为不恭敬，言语不和逊，面色不柔顺，即使是早起晚睡，耕耘栽种，十分辛苦劳累地来奉养父母，也不会成为孝子的。孝顺不但要奉养，还要尊敬。

荀子按照"礼"的规定，对如何安葬、守丧以及为什么要实行"三年之丧"做了详细的说明。他认为，"礼者，谨（郑重）于治生死者也""生人之始也"，因而"生"很重要；"死人之终也""死"也同样重要，只有"终始俱善"，才算是"人道"得到了全面的实现。"故君子敬始而慎终，终始如一，是君子之道，礼义之文也。"（《荀子·礼论》）相反，如果只重视"生"，而不重视"死"，那是对亲人的"背叛"。荀子说："夫厚其生而薄其死，是敬其有知，而慢其无知也，是奸人之道而倍叛之心也。君子以倍叛之心接臧（奴仆）谷（小孩），犹且羞之，而况以事其所隆（君主）亲（父母）乎！"丧礼者，以生者饰死者也，大象其生以送其死也，故事死如事生，事亡如事存，始终一也。"（《荀子·礼论》）丧礼就像活着一样来对待死者，就像活着时一样来送归死者，对待生死存亡，均要按照礼的规定来同样地对待。

荀子认为，不但要真诚地、恭敬地"事生"，还要真诚地、恭敬地"送死"。死对于每一个人来说只有一次。子女对待父母死亡后的感情，就看你如何对待"送死"。荀子说："故死之为道也，一而不可得再复也，臣之所以致重其君，子之所以致重其亲，于是尽矣。故事生不忠厚、不敬文，谓之野；送死不忠厚、不敬文，谓之瘠。"（《荀子·礼论》）对于"事生"和"送死"，如果"不忠厚""不敬文"，就叫作"野"（粗鄙，不合于礼）和"瘠"（轻薄），"君子贱野而羞瘠"，因此，对于"送死"必须按照"礼"的规定，做到"忠厚""敬文"。

那么，丧葬之礼如何？

棺椁的重数、衣服的层数，对于不同的等级有不同的规定。"故天子棺椁七重（层），诸侯五重，大夫三重，士再重。然后皆有衣衾多少厚薄之数，皆有翠菨（shà jiè，棺材上装饰物）文章之等，以敬饰之，使生死终始若一；一足以为人愿，是先王之道，忠臣孝子之极也。"（《荀子·礼论》）荀子认为，不论是棺椁的层数、衣衾的多少、祭品的厚薄以及棺椁的装饰与纹彩，都有一定的等级，这样恭敬地来文饰丧礼，使生死始终一样，一切都适合于人的心愿，这是先王之道，也是忠臣孝子的标准。

"三月之殡。"这也是古代的一种礼义制度。人死后，洗濯、穿好衣，装入棺材而不下葬，让孝子守灵三个月后再下葬。荀子说："三月之殡，何也？曰：大之也，重之也。所致隆也，所致亲也，将举措之，迁徙之，离宫室而归丘陵也，先王恐其不文也，是以緜（同遥，远也）

其期（远其期，即延长下葬日期），足之日（使出殡的时间充足）。故天子七月，诸侯五月，大夫三月。"（《荀子·礼论》）为何实行"三月之殡"，是因为扩大丧礼，重视丧礼，以表示极高的尊重和亲近，这样安放死者，迁移死者，使死者离开宫室而送归到山丘里去。先王恐怕不够文饰，是以延长下葬的期限，放足规定的日数。"故三月之葬，是致隆思慕之义也。"（《荀子·礼论》）三月之殡是对死者表达尊重、思慕留念的意思。

"三年之丧"。荀子对三年之丧做了很多论述，他认为，"三年之丧"是最完善的礼义制度。"三年之丧，人道之至文者也，夫是之谓至隆。是百王之所同也，古今之所一也。"（《荀子·礼论》）荀子说："三年之丧，何也？曰：称情（根据丧情轻重）而立文（制定丧礼的规定），因以饰群（区别不同等级），别亲疏贵贱之节（礼节），而不可益损也。故曰：无适（无论到哪里）不易（改变）之术（方法、原则）也。创巨（创伤巨大的）者其日久，痛甚者其愈迟，三年之丧，称情而立文，所以为至痛极也。齐衰（zī cuī，熟麻布做丧服）、苴（jū）杖（哭丧时拄的竹杖）、居庐（守丧人住的木屋）、食粥、席薪、枕块，所以为至痛饰也。三年之丧，二十五月而毕，哀痛未尽，思慕未忘，然而礼以是断之者，岂不以送死有已，复生有节也哉！凡生乎天地之间者，有血气之属必有知，有知之属莫不爱其类。今夫大鸟兽则失亡其群匹，越月逾时，则必反沿；过故乡，则必徘徊焉，鸣号焉，踯躅（zhí zhú）焉，踟蹰（chí chú）焉，然后能去之也。小者是燕爵（同雀），犹有啁啾（zhōu jiù）之顷焉，然后能去之。故有血气之属莫知于人，故人之于其亲也，至死无穷。将由夫愚陋淫邪之人与，则彼朝死而夕忘之；然而纵之，则是曾鸟兽之不若也，彼安能相与群居而无乱乎！将由夫修饰之君子与，则三年之丧，二十五月而毕，若驷之过隙，然而遂之，则是无穷也。故先王圣人安为之立中制节，一使足以成文理，则舍之矣。"（《荀子·礼论》）荀子认为，人是有知觉和理性的动物，如果自己的亲人死了，很快就把他忘记，那就岂不成了鸟兽都不如的"愚陋淫邪之人"了吗？

荀子说："君之丧，所以取三年，何也？曰：君者，治辨之主也，文理之原也，情貌之尽也，相率而致隆之，不亦可乎？"《诗》曰："恺悌君子，民之父母。"彼君子者，固有为民父母之说焉。父能生之，不能养之；母能食之，不能教诲之；君者，已能食之矣，又善教诲之者也。三年毕矣哉！乳母、饮食之者也，而三月；慈母、衣被之者也，而九月；君曲备之者也，三年毕乎哉！得之则治，失之则乱，文之至也。得之则安，失之则危，情之至也。"（《荀子·礼论》）君王的丧期，之所以取三年，是因为君王是治理国家的主宰，是礼法的本原，是情貌的顶点，臣下为他举行隆重的丧礼，不也是可以的吗？君王从来就有为民父母的说法。君王兼有父母的恩德，他既能用食物来供养百姓，又能教诲百姓，为他举行三年之丧是应该的；为乳母举丧三月，为养母举丧九月，为君王举丧三年，这是一种周全的制度。实行这种制度，国家就会安泰、稳定。

荀子主张，为人子之道要把功夫放在"从道不从君，从义不从父"这个"大行"（高等德行）上。荀子说："入孝出弟（悌），人之小行也；上顺下笃，人之中行也；从道不从君，从义不从父，人之大行也。"荀子虽然也与孔子、孟子一样提倡"孝悌"，但荀子认为，"孝悌"不是"为仁之本"，而只是一种初级的德行，只有"从道不从君，从义不从父"才是高等的德行。孝子不能绝对地服从父亲，从"从"与"不从"看"义"与"不义"，"义"则从，"不义"则不从。荀子强调，"孝子所不从命有三，从命则亲危，不从命则亲安，孝子不从命乃衷（忠诚）；从命则亲辱，不从命则亲荣，孝子不从命乃义（正义）；从命则禽兽（使自己的行为像禽兽一样），不从命则修饰（合于礼义），孝子不从命乃敬（恭敬）。故可以从命而不从，是不子也；未可以从而从，是不衷也；明于从不从之义，而能致恭敬，忠信、端悫（què，忠厚也），以慎行之，则可谓大孝矣。《传》曰：'从道不从君，从义不从父'，此之谓也。"（《荀子·子道》）荀子认为，该服从的不服从，就是做儿子的态度问题；不该服从的服从，就是不忠。所以，作为儿子必须要明白"从"与"不从"的道理，而又能尽量做到恭敬、忠信、端厚，并能谨慎行事，就可以称为"大孝"了。作为儿子，顺从的最高标准，就是"从义不从父"。

荀子还引孔子与子贡的对话，说明儿子对父亲的言行不能绝对地服从，对于不义的行为还要"争"，对于"不义"的言行不"争"就不孝顺、不忠诚。据《荀子·子道》篇记载："鲁哀公问于孔子曰：'子从父命，孝乎？臣从君命，贞（忠）乎？'三问，孔子不对。孔子趋出以语子贡曰：'乡者，君问丘也，曰子从父命，孝乎？臣从君命，贞乎？三问而丘不对，赐以为何如？'子贡曰：'子从父命，孝矣。臣从君命，贞矣，夫子有奚对焉？'孔子曰：'小人哉！赐不识也！昔万乘之国，有争（净谏）臣四人，则封疆不削；千乘之国，有争臣三人，则社稷不危；百乘之家，有争臣二人，则宗庙不毁。父有争子，不行无礼；士有争友，不为不义。故子从父，奚子孝？臣从君，奚臣贞？审其所以从之之谓孝、之谓贞也。'"孔子把子贡"子从父命，孝矣；臣从君命，贞（忠）矣"的言论批评为小人之见。孔子认为，对于君上、父亲的错误或不义的言行，要进行谏净，使之改正错误，才能算是孝顺和忠贞。"父有争子，不行无礼"，由此可见，荀子是不主张"愚孝"的。

总之，荀子十分重视按"礼"来行孝。"礼"与"法"是荀子思想中的两个核心观念，上自君臣，下至庶民百姓的一切行为，都不能离开"礼"。关于丧礼，荀子说："故丧礼者，无他焉，明生死之义，送以哀敬而终周藏也。故葬埋，敬藏其形也。祭祀，敬事其鬼神也。事生，饰始也；送死，饰终也。终始具而孝子之事毕，圣人之道备矣。"荀子还说："凡礼，事生，饰欢也；送死，饰哀也；祭祀，饰敬也。"（《荀子·礼论》）由此可见，荀子关于孝的一切主张，都体现出十分丰厚的人文精神，不论是"饰终"，还是"饰哀""饰敬"都是如此。

《礼记》中的孝道观

《礼记》是儒家的重要经典之一。西汉时，《仪礼》取得了"经"的地位，而关于礼的一些"记"，只是"经"的附属材料，到了东汉经过增删，形成了85篇本和49篇本。85篇本为戴德所辑，戴德为叔，故称《大戴礼记》；49篇本为戴圣所辑，戴圣为侄，故称《小戴礼记》。后来，郑玄对《小戴礼记》作了出色的注释，从此，《礼记》才独立成书。《礼记》中包含有儒家非常丰富的关于"孝"的内容。

《礼记》中讲孝道，除了重申"立爱必自亲始""大孝尊亲""生则养，没则丧，丧毕则祭""三年之丧"以及种种祭祀方式之外，重点强调：

"孝"是放之四海而皆准，具有普遍意义的东西，大大提高了"孝"的社会价值和功能。"曾子曰：'夫孝，置之而塞乎天地，溥之而横乎四海，施诸后世而无朝夕，推而放之东海而准，推而放之西海而准，推而放之南海而准，推而放之北海而准。'《诗》云：'自西自东，自南自北，无思不服，此之谓也'。"（《祭义》）从曾子的这段话中可以看出，曾子把"孝"描写成为充满宇宙的、没有时间限制的、放之四海而皆准的"绝对性的存在物"。

把"孝"与政治结合起来，与事君、做官、作战等国家行为结合起来，拓展了"孝"的内涵和外延。曾子说："居外不敬，非孝也；事君不忠，非孝也；莅官不敬，非孝也；朋友不信，非孝也；战陈无勇，非孝也。"（《祭义》）这五种情况都称为"非孝"，这"五不孝"中设的"事亲"，其核心是"事君"。这与"善事父母为孝"的内涵有了很大的扩展。曾子还说："先王之所以治天下者五，贵有德，贵贵，贵老，敬长，慈幼。此五者，先王之所以定天下也。贵有德，何为也，为其近于道也；贵贵，为其近于君也；贵老，为其近于亲也；敬长，为其近于兄也；慈幼，为其近于子也。是故至孝近乎王，至弟（悌）近乎霸。至孝近乎王，虽天子必有父；至弟近乎霸，虽诸侯有必兄。先王之教，因而弗改，所以领天下国家也。"（《祭义》）曾子认为，先王用来治理天下的五种措施中，"贵贵"近于事君；"贵老"近于事亲；"敬长"近于爱兄。他把"孝悌"纳入了管理国家的措施之中。

特别强调贵身，全体是"孝"的重要内容。"曾子曰：'身也者，父母之遗体也。父母之遗体，敢不敬乎？'"《祭义》篇记载了曾子学生乐正子春的一个故事：有一次，乐正子春不小心伤了脚，脚好了之后，乐正子春还数月不出门，而且忧心忡忡。他的学生问他，为何这样？乐正子春回答说：你问得好，"吾闻诸曾子，曾子闻诸夫子曰：'天之所生，地之所养，无人为大。父母全而生之，子全而归之，可谓孝矣。不亏其体，不辱其身，可谓全矣。故君子顷步而弗敢忘孝也。今予忘孝之道，予是以有忧色也。壹举足而不敢忘父母，壹出言而不敢忘父母。壹举足而不敢忘父母，是故道而不径，舟而不游，不敢以先父母之遗体行殆（危也）。壹出言而不敢忘父母，是故恶言不出于口，忿言不及于身。不辱其身，不羞其亲，可谓孝矣。""顷（跬，kuǐ）步而弗敢忘孝也。"一举步就要注意自己的安全，我现在伤了脚，忘记了孝道，所以心里感到忧愧。为了尽孝，要走正道不要走邪道，过河要乘船，不要游水，不要把自己的身体置于危险的地方去。为了尽孝道，邪恶的话不要说，说的话要礼貌，愤恨的言语就不会及于自身。不伤身，不辱身，就可以称为"孝"。

最后，曾子还在"养""敬"的基础上，提出了"安"。对于父母"……敬可能也，安为难；安可能也，卒为难。"曾子还说："父母既没，慎行其身，不遗父母恶名，可谓终矣。仁者仁此者也，礼者礼此者也，义者义此者也，信者信此者也，强者强此者也。"另外，曾子说："树木以时伐焉，禽兽以时杀焉。夫子曰：'断一树，杀一兽，不以其时，非孝义。"（《祭义》）

通过以上论述，使我们对春秋战国关于"孝"的观念有了一些了解，也了解了我国古代孝道文化的丰富内涵，我们应该从中批判地吸收有教益的东西。

第二章 《孝经》文化

　　《孝经》是儒家的重要经典之一，它的影响之广大和深远，是其他经典难以比拟的。《孝经》有今文《孝经》和古文《孝经》之分。今文《孝经》"为河间人颜芝所藏，汉初，芝子贞出之，凡十八章，有郑氏注。"古文《孝经》，"昭帝时，鲁国三老所献，凡二十二章，孔安国为之作传。"《孝经》的作者历来聚讼不迭，有说孔子作，有说曾子作，有说曾子门人作，有说子思作，有说孔子门人作等等。弄清《孝经》的作者自然重要，但是，更为重要的是《孝经》的内容，相比于先秦时代的孝道文化来说，有什么新的特点？有什么新的发展？它的社会功能上有什么新的东西？它适应什么条件下的社会需要？弄清这些问题，对《孝经》的认识和理解就会有新的提高。

"以孝治天下" 的治理模式

《孝经》最显著的观点就是明确提出"以孝治天下",这显然是当时统治阶级为了巩固自己的统治地位而提出的一种治国方式。"以孝治天下"具体包括以下内容:

《孝经》把"孝"提高到与天道、地道规律相平等的地位,天有它的必然规律,地有它的必然规律,人的孝行也像天和地的规律一样,也是必然的。孝顺父母是天经地义的事情。把天道、地道和人道这"三才之道"融会为一体,并按照这个规律去治理天下,天下、国家就可以得到治理。其核心是"教化"。所以,先王就用"先之以博爱""陈之以德义""先之以敬让""导之以礼乐""示之以好恶"(《孝经·三才章第七》)等道德和方式进行教化,人民就不会遗弃自己的双亲,就能主动实行德义,就不会为了利益而争斗,人民之间就会和睦相处,也就不会违犯禁令了。在"天经地义"的基础上,使人民孝顺父母,是谁也不能违背的事情。

"治天下""治国""治家"的核心,是要取得诸侯各国、百姓和家人的欢心。"明王以孝治天下,得万国"的欢心,他们就能来参加天子祭祀先王①的典礼。所有子孙都尽到祭祀的义务;诸侯治理自己的国家,得到百姓的欢心;百姓都会来参加诸侯祭祀其先父、先祖的活动;卿、大夫治理自己的采邑,得到妻室、儿女以至妾婢和奴仆的欢心,全家人上下都会协助他侍奉父母。这样,就能使得父母在生时过得安乐,

---

① "先王",指文王的父亲和祖辈。由于周代实行嫡长子继承制,文王、武王的其他兄弟分别被分封为诸侯,所以各诸侯国的君主,实际也是先王的子孙。

死后得到祭祀。天子、诸侯、卿、大夫都对自己的双亲尽到孝道，就会出现"天下和平，灾害不生，祸乱不作"（《孝经·孝治章第八》）的大好局面。《诗经·大雅·抑》说："有觉德行，四国顺之。"天子有伟大的德行，四方各国都顺从他的教化，服从他的统治。可见，天子孝顺父母的目的，是为了巩固他自己的统治。

强调古代圣人治理天下，是根据人的尊崇父母和敬爱的本性，去教育和引导人民的。《孝经·圣治章第九》说："人之行，莫大于孝。孝莫大于严（尊敬）父。严父莫大于配天。""孝"这种德行是最伟大的德行。父子之间的感情，是一种自然的感情，这是天然的。圣人应用这种天然的感情，对民众进行教化，很容易取得好的效果。儿子对父亲的顺从，也体现了君臣之间的关系。在"孝"这个伟大的德行中，尊敬父亲又是最伟大的。父亲对儿子具有君王和父亲的双重身份，在人伦关系中，没有比这个还厚重的东西。如果儿子对父亲不尊敬，既悖德又悖礼。君子不做"悖德"和"悖礼"的事情，"言思可道，行思可乐，德义可尊，做事可法，容止可观，进退可度，以临其民"。这样"其民畏而爱之，则而象之"。就"能成其德教，而行其命令"。这就叫作"其政不严而治"（《孝经·圣治章第九》），对人民的统治不需要用严厉的办法，就能获得好的效果。

事亲、事君与立身

《孝经·开宗明义章第一》说："身体发肤，受之父母，不敢毁伤，孝之始也。"为什么说保护好自己的身体是"孝"的开始呢？首先，儿女是父母生命的延续，保护好身体是传宗接代所必须的，否则，种族何以能得以延续呢？其次，儿女身体的健康和存在，是奉行孝道的基础。再者，若因为犯法而毁伤了身体，那是不义的，是不孝的行为。所以，不毁伤自己的身体，是奉行孝道的"开始"。"立身行道，扬名于后世，以显父母，孝之终也。"中间还有为国君、为社会服务。奉行孝道的全过程是，"夫孝，始于事亲，中于事君，终于立身。"（《孝经·开宗明义章第一》）不毁伤身体是奉行孝道的前提，在此基础上完成"事亲""事君""立身"的全过程。以前，孔子讲孝的过程是："生，事之以礼；死，葬之以礼，祭之以礼。"《礼记》上说："生则养，没则丧，丧毕则祭。"这里，大大扩展了它的范围，"孝"不只是"事亲"，还要"事君""立身"。"事亲"只是奉行孝的初始阶段，是基本的东西，此外还有更高级阶段。这是与先秦时期孝观念的一个很大不同，是《孝经》孝道观的一个特点。

《孝经》的五个层面

《孝经》把"孝"分为天子之孝、诸侯之孝、卿大夫之孝、士人之孝和庶人之孝五等。不同等级的"孝"有不同的具体内容，通过这五个等级的"孝"，具体阐述"以孝治天下"的理论和方法，从而教导统治者，怎样才能使他们的统治得到巩固。

最高等级的"孝"是"天子之孝"。"爱亲者，不敢恶于人；敬亲者，不敢慢于人。爱敬尽于亲，而德教加于百姓，刑于四海，盖天子之孝也。《甫刑》云：'一人有庆，兆民赖之'。"（《孝经·天子章第二》）统治天下的帝王，把亲爱和尊敬自己父母的情感，用来对待天下所有人的父母，能以爱敬之心孝顺父母，就会以道德教化人民，成为天下人效法的榜样。这就是天子的孝道。天子之孝成了人民的榜样之后，就能得到天下人民的信赖，这样他的政权就可巩固了。天子之孝的实质，其核心是为了巩固自己的统治权。

诸侯之孝。《孝经》云："在上不骄，高而不危。制节谨度，满而不溢。高而不包，所以长守贵也。满而不溢，所以长守富也。富贵不离其身，然后能保其社稷，而和其民人，盖诸侯之孝也。《诗》云：'战战兢兢，如临深渊，如履薄冰'。"（《孝经·诸侯章第三》）诸侯是次于天子的统治者，《孝经》告诫他们，坐在高高的统治地位上，不骄傲就没有危险；减省节约，慎守法度，即使财富丰足，也不过度奢侈；没有危险，就能长久地保持统治地位，不过度奢侈，就能保持富裕。能长久保持富与贵，就能保住国家政权，就能使自己的统治地位得到巩固。应该像《诗经》上说的那样，要战战兢兢，小心谨慎。所以诸侯之孝的实质，是使诸侯们保住自己的统治地位。

卿、大夫之孝。卿、大夫指辅佐天子处理朝廷政务的高级官员。对于这一级官员的"孝"，《孝经》又有不同的规定。《孝经》云："非先王之法服不敢服，非先王之法言不敢道，非先王之德行不敢行。是故非法不言，非道不行，口无择言，身无择行，言满天下无口过，行满天下无怨恶。三者备矣，然后能守其宗庙，此卿大夫之孝也。《诗》云：'夙夜匪懈，以事一人'。"（《孝经·卿大夫章第四》）《孝经》规定他们，穿衣、言论、行为都必须合乎礼法的规范，不合礼法的话不说，不合道德的事不做。言论和行为都必须谨慎又谨慎。只要服饰、言论、行为都没有违背礼法的规定，就能守住宗庙，就能够祭祀祖先。要像《诗经》中所说的那样，从早到晚，都不能有任何懈怠，要尽心竭力地去侍奉天子。可见，卿、大夫之孝的实质，是要对天子尽忠心，否则禄位就不能保住，也就不能保住宗庙。

士之孝。士亦称士仁或士人。士指国家的低级官员，地位低于卿、大夫，高于庶民。对于士之孝，《孝经》云："资于事父以事母，而爱同。资于事父以事君，而敬同。故母取其爱，而君取其敬，兼之者父也。故以孝事君则忠，以敬事长则顺。忠顺不失，以事其上，然后能保其禄位，而守其祭祀。盖士之孝也。《诗》云：'夙兴夜寐，无忝（tiǎn，辱也）尔所生'。"（《孝经·士章第五》）拿侍奉父亲的态度去侍奉母亲，而爱心是相同的；拿侍奉父亲的态度去侍奉国君，敬心是相同的。侍奉父母用亲爱之心，侍奉国君用崇敬之心。侍奉国君要兼亲爱心和崇敬心。有孝心的人侍奉国君，必定是忠诚的，尊敬兄长的人，对待上级必定是顺从的。只要用忠诚和顺从这两种态度去侍奉国君和上级，就能保住自己的俸禄和职位。士要从早到晚都去努力工作，不要给生你的父母带来耻辱。可见，士之孝的实质，是事君要忠，事长要敬，这样才能保住自己的禄位和对祖先的祭祀。

庶人之孝（即平民百姓之孝）。《孝经》说："用天之道，分地之利，谨身节用，以养父母，此庶人之孝也。故自天子至于庶人，孝无终始，而患不及者，未之有也。"（《孝经·庶人章第六》）庶民要遵循天道运行的规律和分别土地之利，努力劳动，辛勤耕耘，来侍奉父母。要谨慎行事，不要惹出祸害，以免受刑辱；要节约费用，以免父母受饥寒。不论是天子还是庶民，都必须要尽孝道，这也是人人都能做得到的。

总的来说，"天子以德教加于百姓，刑于四海为孝。""诸侯以长守富贵，保其社稷为孝。""卿大夫以守其宗庙为孝。""士以保其禄位，守其祭祀为孝。""庶人则以养父母为孝。"①在这五个等级中，前面四个等级的"孝"，根本就没有讲到"孝"本身，它们的核心是如何巩固天子的统治权力，以及他们的政治地位和经济利益。而庶民不必关心政治，只要努力耕作，遵守法令，节约度用，奉养好父母，就算尽到了孝道。

---

① 蒋伯潜著：《十三经概论》，上海古籍出版社，1983年版，第408页。

"三广"思想的提出

《孝经》首先提出"广要道""广至德""广扬名"的思想。所谓"广要道"就是大力推广"孝道",认为"教民亲爱,莫善于孝;教民礼顺,莫善于悌;移风易俗,莫善于乐;安土治民,莫善于礼"。"礼"的本质是"敬","孝"的本质也是"敬",悌的本质是"顺"。子对父,弟对兄,臣民对君主,都必须采取尊敬的态度,这样"敬一人,则千万人悦。所敬者寡,而悦者众"(《孝经·广要道章第十二》),这就是为什么把推行孝道叫作"广要道"的理由。"广至德"就是君子(当政者)要广泛地以"孝悌"教化人民,"教以孝,所以敬天下之为人父者也;教以悌,所以敬天下之为人兄者也;教以臣,所以敬天下之为人君者也。恺悌君子,民之父母。"(《孝经·广至德章第十三》)和乐平易的君子,是人民的父母,如果没有至高的德行,有谁能够教化人民,使他们归顺,而且有如此大的业绩!《孝经·广扬名章第十四》是专门为阐明第一章中"立身行道,扬名于后世"而设的。怎样才能"扬名于后世"呢?"君子之事亲孝,故忠可以移于君;事兄悌,故顺可移于长;居家理,故治可移于官。是以行成于内,而名立于后世矣。"就是说,把对父母的孝顺,移到对国君忠诚,把对兄长的恭敬,移到对长辈的顺从,把管理好家政的经验,移到去治理国家,这样就可以扬名于后世了。

《孝经》的"事君""忠君"思想

《孝经·五刑章第十一》中虽然说:"五刑之属三千,而罪莫大于不孝。"但是,这一章的重点讲的却不是"不孝",而是讲"要(要挟)君者无上，非圣者无法。"要挟君上，对君上不忠，才是最大的罪恶。其次还专门设《孝经·事君章第十七》，"君子之事上也，进思尽忠，退思补过，将顺其美，匡救其恶。"对君上要忠心耿耿，在朝廷上，要尽心竭力，为君上办事；回到家里，要考虑怎样来补救君主的过失；君上正确的诏令要坚决执行，有了过错要设法加以制止和纠正。虽然《孝经》第一章讲了："夫孝，始于事亲，中于事君，终于立身。"但其核心是"事君""忠君"，这应该是《孝经》的最大特点。

第三章 孝道文化的合理内核

　　"孝"的本意是"善事父母"。孔子认为，奉行"孝"的全部过程是"生，事之以礼；死，葬之以礼，祭之以礼。"《礼记》中也说："生则养，没则丧，丧毕则祭"，养、葬、祭是奉行孝道的三大问题。其中，重点是"事生"，是"奉养"，其次是"慎终追远"，其中包含有"送葬"和祭礼，即追念父母和先辈们。总观儒家孝道文化的全部内容，其中有不少有价值的东西，我们应当吸收和继承其基本的、合理的内核。当然，对于一些封建的、愚昧的、落后的思想和内容，我们更应该对其加以批判、否定和抛弃，我们要现实、客观、公允地结合当今社会现状和实际，推出新的孝道文化，来对自己的父母奉行孝道，为社会增添正能量。

敬　爱

儒家倡导对父母首先要"敬"。何谓"事之以礼"？"礼者，敬也。"礼的核心是"敬"。尊敬父母和一切长辈，不仅是古代社会提倡的，也是当今社会所提倡的，它应该是每一个公民必须具备的基本道德素养。父母年轻时，含辛茹苦，把儿女们抚养成人；父母年老了，身体衰弱了，他们不求有太多物质享受，只求儿女们有一颗孝敬的心，能够愉快地安度晚年。"敬"和"爱"是联系在一起的，要尊敬父母，最重要的是要爱父母，发自内心去真诚地爱。在思想感情上，不能认为父母对自己所做的一切都是应该的；更不能认为父母老了，对自己是一种累赘和负担。对待父母时时都应该以和颜悦色的态度，不能以生硬的方式对父母说话；更不能大声地训斥父母。要经常使他们保持精神上的愉快，满足他们精神上的需求。《礼记·祭义》说："孝子之有深爱者，必有和气；有和气者，必有愉色；有愉色者，必有婉容。"对父母要有温和的气象、愉快的脸色和委婉的面容，这才是对父母的尊敬。尊敬父母是孝的一个重要内容。不敬在古代视为不孝。所以《百孝图说》提倡爱亲、敬亲和悦亲是完全正确的，应该奉行的。

奉　养

古代十分重视对父母的奉养，"生则养"。奉养父母是做儿女的重要义务。所谓"养"，就是要保证父母的物质生存条件，使他们不饥不寒。在我国，退休的老人，多少都有点养老金，这些老人的基本生活没问题。没有退休养老金的老人，情形就大不相同了，老人的生活几乎全要靠儿女供养，所以，"养"就成了没有退休养老金老年人生存的大问题。现在，不孝顺父母、不奉养父母的人很多，这些忤逆的儿女们应该受到谴责和法律的制裁。当然，即使父母有生活费，他们不愁吃穿，子女们也应该关心父母。常回家看看，关心老人的生活，看他们生活得怎么样？吃的东西有没有？营养怎么样？尤其在农村，要看他们的油、盐、柴、米等生活必需品怎么样？冬天穿的衣服，盖的被褥暖不暖和等等。要使父母们的物质得到尽可能满足，有条件的儿女要使父母的物质生活过得更好一些。养是最基本的，不能只养不敬，只养不敬也被视为不孝。孔子说过："今之孝者，是谓能养，至于犬马，皆能有养，不敬，何以别乎？"孔子认为，把"孝"看成只是"能养"，只给父母吃穿，那是不对的，在奉养的同时，必须要尊敬和爱戴。

侍　疾

衰老是人生的必然过程和规律，这是任何事物都逃脱不了的命运，人当然也一样。人衰老了，必然会多病。孔子曾说："父母之年，不可不知也，一则以喜，一则以惧。"要记住父母的年龄，一方面为长寿的父母高兴，一方面也要为父母的高龄而担忧。人老了，到风烛残年的时候，很容易生病。父母生病了，要去看医生，要及时为父母治病。要精心熬药、喂药。熬的汤药和送药丸的水，一定要亲口尝一尝，看温度是否合适，以免烫伤父母。民间有"熬汤药，必先尝"的训导。父母重病的时候，除非极为特殊的情况之外，儿女们一定要轮流守候在父母的身旁，有新的情况要及时处理，同时要多给父母一些精神上的关怀。佛教把"死"当作"八苦"之一，死对于每个人来说，都是一种精神上的痛苦。父母在临终前，总想见到自己的所有儿孙，有的甚至在弥留之际，不停地叫着自己儿女的名字。儿女们守候在父母的身旁，多给一些临终关怀，让父母平和地、带着微笑地走完生命的最后时刻。

承　志

子承父志，是中华民族的文化传统，也是儒家提倡的孝内容之一。"三年无改于父之道，可谓孝矣。"陆游的《示儿》诗说明，陆游希望他的后人实现国家统一，"王师北定中原日，家祭无忘告乃翁。"这种充满高度爱国热情的父志，是完全应该继承的。当然，社会生活是多样的，不一定每个人的父母都留遗志，要求儿女们去完成。但是，有的父母确实有未完成的事业，需要儿女们去完成，这是儿女们不能推卸的责任。一般来说，这样的父志往往都是大事情，儿女们要去做的。当然也可能是局部的只与家庭有关，只要是有益于社会的，都应该去实现。如果是狭隘的、自私的或者非法的"父志"，就不应该去继承了。有大志留给儿女们去继承的人，他一定是大有利于国家的人。

立　身

所谓"立身"者，就是要成就一番事业。《孝经》云："立身行道，扬名于后世，孝之终也。"要想成就一番事业，首先要立志，要有自己的理想，要为理想而不断地、勤奋地学习各种知识和本领；要磨炼自己的意志，要有百折不挠的精神；要爱护好自己的身体，使之保持健康，这是干成一番事业的基本条件。儿女有了事业上的成就，父母会感到高兴，感到光荣，感到自豪。凡是为国家民族建了功，立了业的人，给父母带来了荣耀，这也就是对父母的孝，而且是很有价值的孝。相反，走入邪途，身陷囹圄，不顾父母之养，给父母精神上带来了负担、耻辱或负罪感，使父母养了一个不肖之子，这能说是对父母尽到了孝道吗？古人说的人生"三不朽",即"立德,立功,立言",这也应该是我们当代人的价值追求,同时也是对父母应该奉行的孝道。

谏　诤

孔子主张子女要顺从父母,但不是绝对地服从。父母有过错还得要谏诤,"父有争子,则身不陷于不义"。"故当不义,则争之,从父之命,焉得为孝乎"?在今天,父母与子女在人格上是平等的,父母有不对之处、错误之处,子女要给提出来。服从的,只能是道德、法律与真理。如果父母做了不道德的事情、犯法的事情,或者与常理相悖谬的事情,子女一定要进行劝谏,要劝其改正,这才算是对父母的"孝"。否则,一味地顺从父母,就是陷父母于不义,甚至置父母于违法的境地,这就是不孝。今天的社会生活准则是道德与法律,不论是做父母的,还是做子女的,都应该遵守道德与法律,儿女所服从、顺从父母的,只能是以道德与法律为前提。

送　葬

所谓送葬,就是儒家所提倡的"没(死)则葬"。世界上,所有的人死了,都要安葬。只是葬的方式不同罢了,有火葬、有天葬、有水葬等。人从自然中来,最后都要回归到自然界去,这是合乎逻辑的。汉民族实行土葬,叫作入土为安。通过一定的方式把亲人安葬起来,是人类良知、理性的表现,送葬是十分必要的。儒家倡导"葬之以礼",把送葬看得十分重要,提倡"厚葬久丧",为葬礼设计了种种繁文缛节,儒家葬礼的很多内容在今天几乎都过时了,不值得提倡与弘扬。但是,为父母送葬这一基本人生过程,还是合理的,应当加以继承。同时,儒家还提倡"丧则观其哀"，致丧应该重在哀上。"丧礼，与其哀不足而礼有余，不若礼不足而哀有余也。"生则孝，丧则哀，这才是真正的孝子。父母在世时不孝，当父母死后却撕心裂肺似的大哭，人们不以为他是孝子。随着社会的发展，今天送葬要有更文明的方式和过程。将亲人的遗体火化后存入塔陵或埋入公墓，是现代文明的安葬方式。为此，塔陵、公墓已成为社会的公益事业，这是移风易俗所必须的。由于受传统思想的影响，有的人认为人死了，他的灵魂还存在，需要到阴间过在世的人一样的生活，因此，大修墓穴是不值得提倡的。用现代文明的方式安葬亲人、安葬父母是必要的。

追　念

儒家强调，对父母的孝顺还要提倡"祭之以礼"，而"祭则观其敬而时也。"祭祀父母，关键是要"崇敬"和"守时"，其核心是要以崇敬的态度，时时记住父母和祖先。追念父母，其形式就是祭祀。在民间祭祀祖先，有几个固定的时间，除过他们的生日和忌日外，还必须祭祀的是除夕、上元、中元、清明等节日。按照一定方式，在特定的时候去祭祀父母、祖父母或曾祖父母，这是必要的。儒家强调父母、祖先，就是不要忘记他们，对于追念的方式，儒家那些烦琐的祭祀仪式以及带有迷信色彩的祭祀活动，今天已经不宜提倡，但是采取适当的方式追念先辈，总是应该的、必要的。

以上所说的尊敬、奉养、侍疾、承志、立身、谏诤、送葬、追念等八个方面，应该是我们今天必须提倡和实行的孝道文化观念。渐次以来，人们的孝道观念十分淡薄，不少人根本不知道什么是"孝"以及怎样行"孝"，因而社会上出现了大量不孝顺父母、不赡养父母的忤逆行为，今天的我们，需要批判地去继承传统孝道文化，提倡和创建现代孝道文化。

　　"孝"是子女与父母之间一种特殊的人伦关系。父母爱子女曰"慈"，儿女爱父母曰"孝"。父慈子孝是父子之间天经地义的人伦道德关系，这种人伦关系也是人性之使然。"孩提之童，无不知爱其亲也。"（《孟子·尽心上》）父不慈，子不孝，都是人性丧失的必然结果。韩非子曾说："仁者，谓其中心欣然爱人也。"（《韩非子·解老》）父子不相爱，以及人与人之间不相爱，就是不仁。"夫仁者，施于君谓之忠，施于人谓之孝"（《三国志·魏书》），"孝"是仁爱的一种表现。即使提倡"性恶论"的荀子，也是讲"孝"的。在他看来，父子之间这种血缘亲情，是不能用邪恶来替代的，这种最基本的仁爱之心是常存的。韩非子虽然也认为人与人之间纯粹是一种利害关系，但是，他也公然讲仁德，提倡"欣然爱人"。这就说明，人与人之间的仁爱关系是不能否认的，何况父母与儿女之间的亲情呢？天地之间父母对子女的爱是最无私的、最广大的；儿女长大成人了，回报父母的爱，也是应该的、天经地义的。

　　人是有理性的动物，天地之间人为贵，人为万物之灵。人之所以为万物之灵，就在于人有理性、有智慧、有道德，人除了有物质需要之外，还有精神方面的需要。一个真正的人不只追求吃饱穿暖，他还追求人格的完满，追求理想的实现。人在精神需要中，道德需要也是一个重要的方面。"从人性的角度看，道德需要是要使人的各种需要协调统一的需要，是人的存在与发展对一定的内在理性秩序的依赖关系。"①道德需要是人精神的内在需要，它是用来调节人其他种种需要的需要。它可以划分为：他律的道德需要，即义务；自律的道德需要，即良心；自由

_____

　　①曾小五：《从三个视点看道德需要》，《湖南师范大学学报》，2000年第4期，第52-57页。

的道德需要，即自由。"所谓道德自由，是以行为的自觉自愿为特征的。""道德自由的需要是道德需要的最高层次。"[1]因此，对于孝这种道德，最基本的，它是一种义务或责任；也应该是良心的需要；更应该是一种自觉，是一种心悦诚服、出自内心的去爱、去孝顺父母。孝道不同于社会公德，孝子应该在道德需要的最高层次上去实现对父母的"孝"，这是符合人类社会文明发展的。

　　以上是我们对儒家孝道文化所做的初步探讨。我们应该以战略的眼光来看待和弘扬孝道文化，要用历史唯物主义的辩证法观点，科学地审视传统孝道文化，充分吸收儒家孝道文化的精华。继承、弘扬传统孝道文化，是构建和谐家庭、和谐村镇、和谐县市所必须的，更是构建和谐中国所必须的。

---

　　[1]夏湘远：《义务·良心·自由：道德需要三层次》，《求索》，2000年第3期，第83-86页。

第四章 周人孝道典范

　　周部族是一个古老而弥新的部族，纵观周人的发展史，他们秉承的，永远是"自强不息""革故鼎新""明德慎罚""勤廉民本"等思想，而其"孝道"精神，更是周文化中一朵熠熠生辉的奇葩，这朵奇葩不但异香扑鼻，而且幽香长远，历久弥新。因此，《诗经·大雅·文王》曰："周虽旧邦，其命维新。"这句话的描述，当然也包含了周人的孝道思想。孔子曾使用大量言辞论述孝道，而他最崇拜的，也永远是他梦寐以求的周文化中的德和孝。

至孝——太伯仲雍让贤

古公亶父（周太王）意欲传位给三子季历的儿子昌，太伯、仲雍体察、理解和支持父亲的意愿，毅然决然做出了让贤决定，"文（纹）身而逃于荆蛮"。

太伯、仲雍之所以能做到让贤，就是因为他们笃于亲，笃于孝，不愿违背父亲的志愿，他们以孝为先，以周部族大局为重，是胸襟非常博大的贤人，有这样的贤人做榜样，再加上国君有贤臣勇将辅佐，何愁国不泰、民不安？同时，太伯、仲雍这种谦让的至德和至孝，无疑也为民众做了一个很好的表率。所以《论语·泰伯》曰："君子笃于亲，则民兴于仁。"就是说贤明的统治者（君子）对待自己亲人故旧有什么态度，老百姓就会效仿之，从而影响并促成当时的社会风气。也因此孔子曰："泰伯，其可谓至德也已矣。三以天下让，民无得而称焉。"

《尔雅·释训》给孝和悌分别下定义曰："善事父母曰孝""善事兄长曰悌"，君子"入则孝，出则悌"。在我国孝道文化范畴内，孝和悌是永远不能分离的姊妹篇。太伯、仲雍让贤的事件始终，首先体现的是太伯、仲雍两人的贤、孝思想和精神。但在此期间，更有仲雍"悌"的精神在内。试想，太伯以孝为先，他纵然体察父亲的意愿，做出了让贤的决定，但如果没有仲雍孝、悌并举的思想和精神与之比肩和携手，甚至仲雍反其道而行之，那么太伯让贤的想法和举措，只能是孤掌难鸣，终成泡影。所以，在太伯、仲雍让贤的事件中，贯穿始终的，不仅是他们德、贤、孝的思想和精神，还有仲雍"悌"的思想和精神作保障，仲雍的这种"悌"精神熠熠生辉，也是至高无上的。

唐人陆龟蒙《和袭美太伯庙》诗曰：

故国城荒德未荒，年年椒奠湿中堂。

迩来父子争天下，不信人间有让王。

大孝——文王寝门视膳

周文王每天要三次到父亲（季历）那里去问安。清晨，鸡叫头遍（3：00—5：00）文王就穿好了衣服，来到父亲的寝室外，问值班的侍从，父王一切都平安否？侍从回答一切平安，文王就满脸喜色。中午和傍晚亦是如此。如果听说父亲身体欠安，文王就满心忧虑，连走路都不能正常迈步。当父亲的饮食恢复如常后，文王的精神才能恢复如常。

侍从给季历把饭端上来，文王一定要亲自察看饭菜的质量和冷热程度；饭撤下去的时候，文王一定要询问父亲吃了多少。同时交代掌厨的官员：吃剩的饭菜不要再端上去。听到对方回答"是"，文王才会放心地离开。

文王的这种做法，给他的子孙辈起到了非常好的模范带头作用。武王做太子时，也以文王为榜样，不敢有丝毫懈怠。文王如果有病，武王就头不脱冠、衣不解带地昼夜侍奉。文王吃饭少，武王也吃饭少；文王饭量增多，武王也就随着父亲的饭量而增多，直至文王身体康复。

周代从文王开始，就推行养老礼制。《孟子·离娄上·第十三章》记载说，伯夷躲避商纣王，居住在北海之滨，他听说周文王大业兴起，便说："为什么不去投奔他呢，我听说西伯（周文王）善养老啊。"姜太公躲避商纣王，居住在东海之滨，也听说文王事业兴起，也说："我要去投奔他，因为我听说西伯（周文王）善养老。"伯夷和姜太公是当时社会上非常有声望和影响的老人，孟子认为，他们代表着天下人的父亲，天下人的父亲都归附周文王了，儿子们还能不去归附周文王吗？这一切，都是因为周文王"善养老"、善行孝而带来了人心向背。所以孟子说："诸侯有行文王之政者，七年之内，必为政于天下矣"。这里的"文王之政"，主要指养老和行孝。

西周时期，已经有推行道德教育的官员"师氏"。《周礼·地官·师氏》载："以三德教国子，一曰至德，以为道本；二曰敏德，以为行本；三曰孝德，以知逆恶。教三行，一曰孝行，以亲父母；二曰友行，以尊贤良；三曰顺行，以事师长。"这里明确提出了"孝德""孝行"两个概念。"孝德，尊祖爱亲，守其所以生者也。"就是要敬爱给予自己生命的父母和先祖。孝行就是"亲父母"，要把对父母的孝敬落实到行动中。"师氏"这一官职的设立，说明西周已开始推行"孝德""孝行"两方并行的教育，这与周文王推行养老制度是一致的。

周文王后的周武王、周成王，尤其是摄政的周公，都对周文王的孝养制度奉行不替。《诗经·大雅·下武》称赞周武王："永言孝思，孝思维则。""孝思"即思念尽孝。周武王时刻不忘"孝思"，是天下"孝思"的楷模。

《诗经·周颂·闵予小子》讲："於乎皇考，永世克孝。念兹皇祖，陟降庭止。维予小子，夙夜敬止。於乎皇王，继序思不忘。"赞美周成王永世能尽孝道，这些都反映了西周统治者对孝道的提倡和重视。

"寝门视膳"的典故也称"问安视膳"，最早记载在《礼记·文王世子》里。明万历年间，著名学者焦竑（hóng）任皇长子侍读时，为劝导皇长子朱常洛，撰写了一部《养正图解》，将"寝门视膳"作为该书的第一篇。后世把"寝门视膳"作为关心父亲饮食起居的代名词。

清代乾隆皇帝《养正四咏·寝门视膳》诗曰：

寝门虔问视，日三念在兹。

食察寒暖节，体询安否宜。

大舜慕五十，孟氏称孩提。

西伯仁人哉，由来因此推。

立爱千秋法，锡类百王基。

乾隆皇帝还有《题养正图六十首·寝门视膳》诗曰：

寝门日三朝，问安承色笑。

失常心诚忧，膳彻询所乐。

允哉风人颂，为子止于孝。

妇孝——三太贤德勤勉

周朝历史上有三位伟大的女性，被后世尊奉为周室"三母"，她们分别是太姜、太妊、太姒，合称"三太"。她们分别是周朝三位开国先君王季、文王、武王的母亲，她们是母仪天下的典范，辅佐和教化了开万世太平的几位君王，成就了周公的圣德。后世"太太"的称谓即由此而来，人们之所以把妻子称为"太太"，就是为了纪念周朝这三位伟大的女性，也都希望后世的女人作为人妻，能够贤德如周之三太。

太姜是周太王的后妃，是一位很有智慧的人，太妊是她的儿媳，太姒是她的孙媳。这三位母后把女性最好、最高、最伟大的德行发挥得淋漓尽致，是奠定周朝伟大基业、实施幕后工程的关键人物。贤淑德高是她们的共性，但值得一提的是，她们还具有孝道风范。

太姜端庄美丽，性情贞静柔顺，她以"贞顺"的女德，成为丈夫最得力的左膀右臂，是周朝创业时的贤德妇人，太姜以身作则，相夫教子，使她的孩子们从小到大，在品德行为上都没有过失。泰伯、仲雍让贤，季历图强，文王兴邦，武王灭商，周公制礼作乐等，这一切，都与太姜对后辈的良好教育和影响是分不开的。

太姜的儿媳太妊（亦称太任），生性端正严谨、庄重诚敬，凡事合乎仁义道德才会去做，她对婆婆太姜更是孝顺有加，恭敬侍奉。文王在母亲太妊的教育下，奠定了周朝八百年基业。她主持后宫立身端正，使得宫廷上下有着一派肃穆祥和的正气。

周文王的夫人太姒，仁爱和顺，贤德而深明大义，她在娘家时，生活俭朴，对老师恭敬尊奉，认真求学，具有良好的涵养和美德。太姒成为文王夫人后，她非常仰慕祖母太姜和婆婆太妊的贤德，继承了婆婆完美的德行，早晚勤勉，极尽妇道，从未有过失礼和过错，她不但对祖母和婆婆极尽孝道，还经常回家探望和安慰自己的生身父母，以妇礼妇道教化天下，被人们尊称为"文母"。《列女传》曰："文王治外，文母治内。"

周朝三太以仁德立国，她们为人妇、为人媳、为人妻，在对长辈奉行孝道的同时，作为被奉养的长者，她们为长而尊，为长而慈，她们对下一代的孝顺投桃报李，施以懿德、懿行。她们丝毫没有像舜的父母那样为长不尊，故意刁难子媳辈，她们的懿德孝行，对周部族的昌盛强大起到了重要的作用。

《列女传·母仪传·周室三母》赞曰：

> 周室三母，大姜[①]妊姒。
>
> 文武之兴，盖由斯起。
>
> 大姒最贤，号曰文母。
>
> 三姑之德，亦甚大矣。

忠孝——伯邑考替父丧

伯邑考是周文王的嫡长子，周武王的同母兄长。伯邑考的母亲太姒与周文王育有十子，依次为长子伯邑考、次子武王发、三子管叔鲜、四

---

① 《广雅·释诂一》："太，大也。"段玉裁《说文解字·水部》："后世凡言大而以为形容未尽则作太。"古人有大、太通用之说。

子周公旦、五子蔡叔度、六子曹叔振铎、七子郕叔武、八子霍叔处、九子康叔封、十子冉季载。

据《毛诗正义》引《大戴礼》记载，周文王13岁时生长子伯邑考，15岁时生次子周武王。

伯邑考十兄弟自幼深受母亲太姒的教诲，他们从小到大，没有做过违背常理、荒唐离谱之事。在伯邑考的十兄弟中，只有武王发和周公旦德重才高，是辅助父亲文王的左膀右臂，所以周文王舍弃伯邑考，立周武王为储君。《汉书·霍光传》曰："周太王废太伯立王季，文王舍伯邑考立武王，唯在所宜，虽废长立少可也。"王国维等认为周文王舍弃伯邑考及伯邑考的儿子而立周武王为太子，是遵循殷礼。梁玉绳则认为伯邑考是早死，并非被周文王废掉太子之位。

《帝王世纪第五·周》《太平御览·卷八十四》均记曰："纣既囚文王，文王之长子曰伯邑考，质于殷，为纣御，纣烹以为羹，赐文王，曰：'圣人当不食其子羹。'文王得而食之，纣曰：'谁谓西伯圣者？食其子羹尚不知也。'"这段话记载周文王被纣王囚禁后，伯邑考去商朝做人质，为纣王驾车，纣王烹杀了伯邑考，将他做成肉羹后赐给周文王，并说："圣人应当不会吃自己儿子的肉做成的羹。"周文王最后还是吃下了肉羹，纣王说："谁说西伯昌是圣人？吃了自己儿子做成的肉羹尚且不自知。"因此纣王释放了周文王。

在以《封神演义》为主导的民间传说中，伯邑考长相英俊，精通琴艺，同时他还是一个孝子。当时因为他的父亲西伯昌被商纣王囚禁，作为孝子的伯邑考非常担心父亲的安危，出于孝心，他带着三样异宝去朝歌献给商纣王，希望能赎救出父亲。

当伯邑考到商都朝歌后，因为他长得英俊，纣王的宠妃妲己看中了他，于是妲己引诱伯邑考，遭到了伯邑考的拒绝和斥责，伯邑考此举惹怒了妲己，导致他遭到了极其悲惨的结局，被做成肉羹并给父亲西伯昌吃。

西伯昌精通卜卦，由卦象得知了伯邑考的遭遇，但为了骗取纣王，他只得忍着悲痛吃下了肉羹。

因伯邑考的忠孝，在《封神榜》中，他被封为中天北极紫微大帝，这是古人对因忠孝而殉身人的最高认可和赞许。

刘剑峰作诗赞曰：

> 自昔忠孝两难全，节义唯君致大观。
>
> 殉命只为彰孝道，醢身赎父感苍天。

圣孝——周公孝笃悌顺

《史记·鲁周公世家》曰："周公旦者，周武王弟也。自文王在时，旦为子孝，笃仁，异于群子。"可见孝笃文王，宅心仁厚，是周公在诸多兄弟中出类拔萃的。

周公作为上承尧舜禹汤文武之道，下启孔子之行思者，他是具有经天纬地大品德、大业绩的中华圣人，他的孝思孝行在哪些方面呢？

《中庸·第十九章》开篇就说："子曰：武王、周公其达孝矣乎，夫孝者，善继人之志，善述人之事者也。"孔子曾经无数次地讲孝道、论孝道，他多次提到武王、周公的孝道，说他们是最孝顺的，他们善于继承父辈的志向，善于传述父辈的事迹。

《史记·周本纪》曰："古公亶父复修后稷公刘之业，积德行义，国人皆戴之。"可见早在周人先祖时期，他们就一代一代，累世继承祖先的遗志，并通过自己的努力，使周部族一步一步强大、昌盛了起来。《史记·周本纪》又曰："古公卒，季历立，是为公季。公季修古公遗道，笃于行义，诸侯顺之。"季历继承先志，周部族更加强大了，周边诸侯都来归顺。《史记·周本纪》继续又说："西伯曰文王，遵后稷、公刘之业，则古公、公季之法，笃仁、敬老、慈少，礼下贤者，日中不暇食以待士，士以此多归之……诸侯皆乡（同'向'）之……而作丰邑，自岐下而徙都丰。"可见到了周文王的时候，周的势力已经非常强大了。至于武王时期，一语言之，推翻了商的统治，建立了周王朝。他们一代一代，继承祖先的遗志，使周的业绩不断发扬光大。《淮南子·氾论训》曰："周公事文王也，行无专制，事无由己，身若不胜衣。言若不出口，有奉持于文王，洞洞属属，而将不能，恐失之，可谓能子矣。"可知周公旦更加继承祖先的遗志，他孝笃文王，"异于群子"；他竭力辅佐武王和成王，为兄病金縢藏册，"悌"至极；他励精图治，"制礼作乐"，奠定了儒家思想的基础，孔子一生都在追求周公所制作的周礼中那种有序的社会秩序。

汉初思想家贾谊评价周公曰："文王有大德而功未就，武王有大功而治未成，周公集大德、大功、大治于一身。"清末史学家夏普佑评价说："孔子之前，黄帝之后，于中国有大关系者，周公一人而已。"孔子以周公为师，他晚年都在慨叹自己"不复梦见周公"。孟子首称周公为"古圣人"，对其尊崇至甚。荀子以周公为大儒，在《荀子·儒效》中对周公的德才大加赞颂。

关于孝，并不是说供给父母的吃喝度用就谓之孝道了，当然供给父母吃喝度用，这只是孝道一个微不足道的方面，甚至说这只是孝道最基础的内容，是小孝。《论语·为政》曰："子游问孝，子曰：'今之孝者，是谓能养。至于犬马，皆能有养，不敬，何以别乎？'"也就是说，日常的孝道，如果只尽到了最基本的赡养责任和义务，这与人们在家中豢（huàn）养犬马有什么两样呢？孝道，除过要供给父母吃喝度用外，最主要的，是要做到"敬"和"承志"。

武王一举翦商，周公继承历代祖先的遗志，并使之发扬光大，他创制的周礼，经天纬地，往古来今，在中华民族历史上留下了光辉灿烂的一页，所以孔子说真正的孝，只有武王、周公"其达孝矣乎"。就是因为武王和周公通达了孝道的真谛，他们善于继承父母和祖先的遗志，把祖先正义而宏大的愿望予以了实现，他们告慰了父母，告慰了祖宗，留下了让人万世师表的功业，他们做到了真正的"善继人之志"。他们更"善述人之事"，他们把父母祖先已经具有了一定基础和规模的文化、道德、功业，进一步发扬光大，并使之承前启后，继往开来。因此，孔子再三提到，武王、周公是大孝。

刘剑峰《周文公》诗曰：

五　绝

吐握安天下，忠肝镌鼎彝。

功勋及泰岱，经纬更谁齐。

七　律

垂拱冕旒抱子朝，勤劳国事赤心昭。

制礼方兴儒伟典，定刑始制律鸿条。

恒思吐握招贤切，常念勾描营洛豪。

百代贤哲追雅范，辉同日月并虞尧。

廉孝——召公传播父德

周室一族的每个贤哲，他们在古公亶父、文王、武王、周公等德政思想的影响下，笃于孝义是他们立身立命的前提基础。

召公身为姬姓王族公卿，他的人格魅力和廉政德治思想，久被后世所推崇和效法，召公早年的一个重要任务，是"巡行南国，布文王之化"。他遵照文王的睦邻友邦政策，奔赴南方江、沱、汝、汉之间，广布文王的德政，争取人心，结交盟国，扩大了周国在南方诸国的影响，缔结了周国同南方众多诸侯国之间的友好合作关系，使商周之间的战略形势发生了根本性变化。因此召公的"巡行南国，布文王之化"之举，为后来武王一举灭商创造了有利条件，奠定了坚实基础。

召公的"巡行南国，布文王之化"是他的政治业绩，同时也是他继承文王遗志，孝道精神的具体表现，具体来说，是他"善述人之事"孝道精神的具体体现。

召公历经文、武、成、康四世，位居三公之一的太保，他勤廉正直，作《旅獒》而敢于进谏武王，作《召诰》而敢于告诫成王；周公摄政后，召公敢于疑虑他，因此周公作《君奭》而剖心释其疑。召公与周公"分陕而治"，司马迁在《史记》中称赞"召公之治西方，甚得兆民和"；他法度森严，但却又"四十年不用刑错"，促成了"成康之治"的太平盛世；他"劳己不劳民""甘棠决讼"的风范遗爱千秋，仁政之风始于他。

司马迁高度评价召公说："召公奭可谓仁矣，甘棠且思之，况其人乎？燕迫蛮貉，内措齐、晋，崎岖彊（同强）国之间，最为弱小，几灭者数矣。然社稷血食者八九百岁，于姬姓独后亡，岂非召公之烈邪！"

召公上述一切功业的取得，尤其他廉洁奉公的高洁品德，千百年来，广为世人称颂，这些均仰仗于召公秉承孝道，上承先王之志，孝达天庭，下恤黎民之本，建功立业之所致。

刘剑峰《召康公》诗曰：

公主陕之西，德泽化南夷。

甘棠决刑讼，蔽芾诗句遗。

廉也周召伯，清哉名远播。

爱遗甘棠树，史册万古罗。

承志孝之源，召公体乃先。

广宣布父政，弘道义达天。

第五章 中华十大孝典

中华民族自古以来推崇孝道，历朝历代的孝道典范层出不穷，《孝经》出现后，受到当政者的高度重视，有的皇帝亲自为《孝经》作注，广为推行，对社会产生了巨大影响。在他们看来，《孝经》在理论上是完美的，实践上是有效的，对其统治权的巩固也是有利的。到了宋代，"孝"被纳入"天理"的范畴，被提升到宇宙本体的高度。元代，郭居敬为了把"孝"的内容具体化、形象化，更利于普及，编写了《二十四孝》一书。民国二十六年，上海陈寿清主持筹划、陕西郭莲青执笔，依据清代咸丰年间黄小坪所著《百孝图诗传》，并加以增加、扩充、改写，编成《百孝图说》一书。千百年来,《孝经》《二十四孝》以及《百孝图说》在社会上广为流传,经久不衰。

上述孝经、孝典中,也包含有不少封建的、迷信的、神秘的,乃至于愚忠、愚孝的内容,甚至不乏糟粕。比如舜"孝感动天"的故事,大象替他耕地,鸟代他锄草的描述,几乎接近荒诞,但回思之,这是作者文笔的铺垫,当然也带有很重的天命论成分在内,总之舜的孝行是非常值得赞许的。又如郭巨"埋儿奉母"的故事如果发生在今天,等待郭巨的不是上天赏赐的黄金,绝对是法律的严惩,这种以牺牲骨肉亲情为代价而践行孝道的做法,既显得愚蠢、野蛮、缺乏人性,又会犯下不可饶恕的罪行。还有王祥"卧冰求鲤"的故事,可以说不合乎逻辑,即使真有这样的事情,王祥怎么不使用棍棒、铁石类器械去"破冰求鲤"呢?他竟然愚昧地"卧冰求鲤",这简直是一种愚孝,甚至愚蠢至极。还有曾参"啮指痛心"的故事,似乎也含有荒诞怪异的成分在内,但亲人间的某些心灵感应,至今仍是说之不清,道之不明的,故而在本次选录期间,权且对其收录之。

诸如舜、刘恒、闵损、仲由、董永、郯子、江革、陆绩、老莱子等人物和故事,他们或为帝,或为圣,或为儒,其孝亲事迹感人至深,具有很强的启迪作用和教育意义。

虞舜——孝感动天

舜，传说中的远古帝王，五帝之一，姚姓，名重华，号有虞氏，史称虞舜。相传他的父亲（瞽叟）、继母、异母弟（象），都多次想害死他。但是舜毫不嫉恨，仍对父亲和继母恭顺，对弟弟慈爱，其孝行感动了天帝。舜在历山耕种，大象替他耕地，鸟代他锄草。帝尧听说舜非常孝顺，有处理政事的才能，把两个女儿娥皇和女英都嫁给了他。经过多年观察和考验，尧最终选定舜做他的继承人。舜登天子位后，去看望父亲，仍然恭恭敬敬，并封弟弟象为诸侯。

父顽母嚚象傲①桀②，总将恭顺化危厥③。

丹心辉映历山下，主宰九州万世谐。

曾子——啮指痛心④

曾子即曾参，是孔子晚年的弟子之一，以孝悌著称。曾参少年时家贫，常入山打柴。一天，家里来了客人，母亲就用牙咬自己的手指。曾参在山中忽然觉得心痛，知道母亲在呼唤自己，便背着柴迅速返回家

---

①《尚书·尧典》："瞽子，父顽，母嚚（yín），象傲，克谐。以孝蒸蒸乂（yì），不格奸。"意思是说：舜的父亲瞽叟很愚顽，舜的继母非常暴虐，舜的弟弟象十分傲慢和歹毒，他们三人经常想着法子刁难和陷害舜，但舜都能用孝悌来感化他们、和谐家庭，使家人日益向善上进，不至于走到邪路上去。

②桀（jié）：凶暴。

③厥：代指舜父、母、弟的累次刁难、加害事件。

④啮（niè）：咬。

中，跪问缘故。母亲说："有客人忽然到来，我咬手指盼你回来。"曾参于是接见客人，以礼相待。曾参学识渊博，曾提出"吾日三省吾身"（《论语·学而》）的修养方法，相传他的著述有《大学》《孝经》等儒家经典，后世儒家尊他为"宗圣"。

> 负薪山内正挥镰，客至娘急子未还。
>
> 啮指传言心电感，方知骨肉孝相联。

闵子①——芦衣顺母

闵损，字子骞，春秋时期鲁国人，孔子的弟子，他在孔门中以德行与颜渊并称。闵损的生母早亡，父亲娶了继室，又生了两个儿子。继母经常虐待闵损，冬天，两个弟弟穿着用棉花做的棉衣，却给闵损穿用芦花做的"棉衣"。一天，父亲出门，闵损牵拉车架时因寒冷打战，将绳子掉落在地上，遭到父亲的斥责和鞭打，芦花随着打破的衣缝飞了出来，父亲方知闵损受到了继母的虐待。父亲返回家，要休逐后妻。闵损跪求父亲饶恕继母，他告诉父亲："留下母亲只是我一个人受冷，休了母亲三个孩子都要挨冻。"父亲十分感动，继母也悔恨知错，从此对待闵损如亲子。

> 闵子德及颜子②齐，奈何继母心不一。
>
> 衣间芦絮飞天去，恐致家亲众叛离。

---

①闵子：即闵子骞。春秋时期鲁国人，孔门七十二贤之一，以德行著称，后世尊称闵子。

②颜子：曹姓，颜氏，名回，字子渊，亦称颜渊，春秋时期鲁国人，居陋巷（今山东省曲阜市旧城），孔门十哲之一，孔门七十二贤之首，儒家五大圣人之一，后世尊称颜子。

仲由——百里负米

仲由，字子路、季路，春秋时期鲁国人，孔子的得意弟子，性格直率勇敢，十分孝顺。仲由早年家中贫穷，自己常常采野菜做饭食，却从百里之外负米回家侍奉双亲。父母死后，他做了大官，奉命到楚国去，随从的车马有百乘之众，所积的粮食有万钟之多。坐在垒叠的锦褥上，吃着丰盛的筵席，仲由慨叹说："即使我想吃野菜，为父母亲去负米，哪里能够再得呢？"

子路从来为大孝，家贫负米百里遥。

但得锦帐食丰满，不待奉亲徒余焦。

郯子——鹿乳奉亲

郯（tán）子，春秋时期人，孔子周游列国时到郯国，曾以郯子为师。郯子父母年老并患有眼疾，需饮鹿乳疗治。郯子便身披鹿皮进入深山，钻进鹿群中，挤取鹿乳，以供奉双亲。一次取乳时，猎人将郯子当作麋鹿准备射杀，郯子见状，急忙掀起鹿皮走出鹿群，将挤取鹿乳为双亲医病的实情告知猎人，免除了被误杀的危险。

郯子曾为孔子师，鹿群以内苦熬时。

求得乳液将亲奉，大孝险遭镞射之。

老莱子——戏彩娱亲

老莱子，（东周）春秋时期楚国隐士，为躲避乱世，自耕于蒙山南麓。他孝顺父母，尽拣美味供奉双亲，70岁尚不言老，常穿着五色彩衣，手持拨浪鼓如小孩子般戏耍，以博父母开怀。一次为双亲送水，不小心摔倒，为了不让父母担心，他假装摔倒的样子，躺在地上学小孩子啼哭，二老开怀大笑。

> 持鼓兼着五彩衣，尽将美味奉亲嬉。
>
> 只因匍匐博之笑，耋①岁尤为髫龀②期。

刘恒——亲尝汤药

汉文帝刘恒为汉高祖第四子，薄太后所生，高后八年（前180年）即帝位。他以仁孝闻名于天下，汉文帝侍奉母亲从不懈怠。母亲卧病三年期间，他常常目不交睫，衣不解带，母亲所服的汤药，他亲口尝过后才放心地让母亲服用。汉文帝在位二十四年，重德治，兴礼仪，注意发展农业，使西汉社会稳定，人丁兴旺，经济得到恢复和发展，他与汉景帝的统治时期被誉为"文景之治"。

> 帝因图治谥③曰文，奉母之行更致君。
>
> 汤药亲尝为至理，博得芳誉万斯春。

董永——卖身葬父

董永，西汉时出生在西溪镇丹阳里（又说是千乘。湖北省孝感市、

---

① 耋（dié）：年纪七八十岁称耋。

② 髫（tiáo）龀（chèn）：谓幼年、幼童。

③ 谥（shì）：古时候帝王、贵族、大臣等死后，依其生前事迹所给予的称号。《谥法解》曰："经纬天地曰文，道德博闻曰文，学勤好问曰文，慈惠爱民曰文，愍民惠礼曰文，锡民爵位曰文。"

山东省博兴县、江苏省东台市对董永出生地均有争议）。董永少年丧母，与父亲董公相依为命。董永稍长，即下田劳动，赡养父亲。因家贫，董永经常帮人做工谋生，农活忙时，他常用小车推着多病的父亲到田头树荫下，边做农活边照应父亲，邻里乡亲都夸他是个大孝子。后来，董公病故，董永因家中贫困，无钱安葬父亲，于是他就到西溪镇大财主曹长者家卖身为奴，得钱葬父。

> 失恃少年丧母身，长知耕作奉父亲。
>
> 田头每见浓荫下，孝养禾锄两俱申。

江革——行佣供母

江革，东汉时齐国临淄人，少年丧父，他侍奉母亲极为孝顺。战乱中，江革背着母亲逃难，几次遇到匪盗，贼人均欲杀死他，江革均哭告：老母年迈，无人奉养。贼人见他孝顺，不忍残杀，就放了他。后来，江革迁居江苏下邳，做雇工供养母亲，江革经常因贫穷而赤脚，但他给母亲的所需却甚丰。汉明帝时，江革被推举为孝廉，汉章帝时，江革被推举为贤良方正，任五官中郎将。

> 负母脱逃世罕稀，雇佣尽孝更谁及。
>
> 因贫赤脚贤良举，留下芳名万世齐。

陆绩——怀橘遗亲

陆绩，字公纪，汉末三国时期吴国大臣，庐江太守陆康之子。陆绩6岁时，随父亲到九江谒见袁术，袁术拿出橘子招待，陆绩往怀里藏了两个橘子。临行时，橘子滚落地上，袁术嘲笑道："陆郎来我家做客，走的时候还要怀藏主人的橘子吗?"陆绩回答说:"母亲喜欢吃橘子,我想拿回去送给母亲尝尝。"袁术见他小小年纪就懂得孝顺母亲,十分惊奇。从此后,陆绩怀橘便传为佳话。陆绩成年后,博学多识,通晓天文历算,曾作《浑天图》,注《易经》,撰写《太玄经注》。

宴前六岁晓怀橘,袁术嗟讶叹问钦。

大赞陆郎奉母义,博得后世史迹余。

第六章 岐山践行孝道历史人物

岐山是周室肇基之地，以德、和为主导思想的周礼文化，教育并影响了一代又一代岐山乃至古往今来的全部华人。孝道是周礼优秀文化中的重要组成部分，从古到今，岐山历史上涌现出了无以数计的孝道典范故事，他们的感人事迹，是历代《岐山县志·人物》主要收编内容之一，这无疑是古人倡导世人孝敬老人，激发社会正能量的具体体现。千百年来，凡是有孝行义举的本人及其后代，均以其事迹被载入县志为殊荣，并视其为光耀门庭的盛事。后世修编地方文献，"人物志"多以宦迹和事业建树为重，大多忽视了世俗中的人，尤其是一般民众的孝行节义类事迹，这是世风日下的具体表现。这里，我们从民国以前的五部《岐山县志·人物》中，遴选出部分岐山当地古代孝道典范，把他们的事迹译成白话文，并撰写、配上提纲挈领的赞诗，供大家领略他们的高贵品行和崇高德操，同时，唤起人们崇尚孝道的仁爱温风。

李俊——奉母荣登进士

李俊，明朝凤鸣镇堰河村人，他少年丧父，没有兄弟，孤身一人侍奉孀母，至为孝敬。早年，母子两人的生活全靠李俊每天去山中打柴，以其变卖所得换取粮食度日。在这样艰苦困顿的情况下，李俊坚持学习不辍，加上他聪颖的天赋，登上了明成化己丑（成化五年，1469年）进士榜，官拜吏科都给事中。

李俊为人为官刚直中正，明成化十五年（1479年），宪宗派贪官李孜省为太常寺丞，李俊和他的同事们竭力反对，他说，李孜省原是一名赃吏，不宜玷污清贵的官班去参与郊庙百神的祭祀。后来，李孜省被改派为上林监副。

明宪宗沉溺声色歌舞，受奸佞包围，不听逆耳忠言，政治腐败，导致宦官汪直擅权。明成化二十一年（1485年）正月初一申时（17：00—19：00），天空中有颗流星向西疾速飞去，化为一道白光，其声如雷鸣。荒淫的宪宗皇帝朱见深十分恐惧，下诏征求朝臣意见。李俊借机率六科众臣上疏，直接指出朝廷的很多弊端，这就是著名的《天变应诏陈言疏》（凤鸣镇堰河村李氏祠堂早期有该"陈言疏"石刻）。

明宪宗阅读了李俊等的奏章后，将赃官李孜省降为上林丞，将国师继尧革职为民，在其他方面也有所革新，满朝文武官员都为之欣喜称快。李俊于同年（成化二十一年，1485年）五月出任湖广布政使，后又多次提升。明孝宗弘治年间（1488—1505年）李俊任山西参政，在任所去世。

家贫父丧学愈艰，进士榜头致大观。

自古孝男多进取，谔言直谏史陈斑。

陈伦——祈代父卒至孝

陈伦，字攸叙。陈伦的父亲陈洪曾任颖上（安徽省阜阳市颖上县）训导。陈伦17岁的时候，他的父亲在任上得了重病，陈伦得到消息后，从岐山老家徒步赶往颖上侍奉父亲，并向上苍发愿，愿以自己的死来代替父亲（真周公遗风也），这种精神和行为，在当时人们普遍具有迷信思想的环境氛围中，是十分可贵的。父亲病逝后，陈伦扶枢徒步还乡，足趾被磨溃烂，他都不愿意乘骑，被当时称作至孝。

陈伦早年出身国子生，后进陕西乡试第六名，成化十一年（1475年），他参加乙未科会试，得贡士第一百八十八名，殿试登进士第三甲第二百零二名。后陈伦曾任长芦（河北沧州长芦县）盐运使，他清廉质洁，辞官还乡的时候"囊无长物，怡然自乐"。陈伦性情方正严明，口不出戏言，治家内外肃然，广受人们尊敬。

　　幼知孝理可达天，徒步侍病扶枢还。

　　尚将娇躯以死代，三甲进士美名传。

杨楠——仕宦因孝而卒

杨楠，字伯直，今岐山县凤鸣镇余家庄人，是翰林院庶吉士转河南道监察御史、后任山西参政的杨绍程之父。杨楠以孝和廉正称著，他的父亲在秦藩（明太祖朱元璋次子朱樉的封国）做官，病情严重，杨楠星夜赶去探望侍奉并将父亲拉运回岐山老家，车内载着归家的老父，杨楠手扶车舆，徒步而归，足趾磨出了鲜血。护送父亲回家后，杨楠躬耕赡养，极尽孝道，父亲去世后，杨楠尽礼安葬，曾因悲伤过度而损伤身体。

杨楠中嘉靖壬子（嘉靖三十一年，1552年）第二乡魁，初任山西省阳曲县教谕，后升任安徽省霍山县知县，他居官廉洁，勤政爱民，当时倭寇猖獗，杨楠"昌义勇，冒矢石"，擒获数十倭寇，"余皆遁去"，朝廷赏赐他白金一镒（二斗，二十两）。后来，杨楠因自己远在异乡，不能迎养年迈的母亲而辞官归里。杨楠辞官的时候，"行李萧条，一如寒士"。

母亲病重期间，杨楠衣不解带，日夜侍奉在侧，并效仿周公，祈求上苍以己身替代。三月后，时值隆冬，其母病故，杨楠饮食俱废，他遵从古礼，睡于草荐上，头枕土块，守在母亲灵柩旁，昼夜啼哭不辍，因过度悲哀而逝，岐山人"闻者皆为流涕"。杨楠著有《岐麓文集》，被祀为乡贤。

> 足趾血流数杨楠，父亡悲痛至身咽。
>
> 霍山知县驱倭寇，母病辞官竟赴泉。

刘凤岐——孝孙至奉祖母

刘凤岐，岐山县同峪里（今蔡家坡镇西星一带）人，明嘉靖年间任巡检（巡检使之省称）。刘凤岐生下仅40天，母亲就亡故了，一年后，其父又亡，祖母李氏把他养育成人。刘凤岐对待祖母极尽孝道，祖母患病，他四处求医，千方百计予以延治。祖母病重，刘凤岐效法周公"金縢藏策"之典，"吁天祈代"。祖母八十而卒，刘凤岐葬祖母于南山之下，并在墓旁建了一个简陋庐舍，昼夜栖身其内，陪伴祖母，每天负土成坟，纵然是风雨交加、虎狼出没的深夜，刘凤岐也不惧不避。当地人给他送了一块刻有"孝孙之第"的牌匾悬挂其家，可窥其孝行广深之一斑。

早失恃怙刘凤岐，祖母天恩报之稀。

庐墓栖身兼负土，孝孙之第匾额齐。

李树声——奉母守孝劲节

李树声，明万历己酉（万历三十七年，1609年）举人，曾任猗氏县（旧县名，故治在今山西省临猗县南二十里铁匠营村）知县，他谦逊沉静，不受世俗叨扰，德行高洁，官声卓著。李树声侍奉父母至孝，母亲亡故后，他居家谢客，敛心静志为母亲守孝，丁忧期满，仍然坚不出仕。李自成建立大顺政权，年号永昌，派遣使者前来征选李树声去做官，李树声节志刚烈，忠于明朝，不做二臣，力辞来访使者说："我们李家六世受大明国恩，理当效忠明朝，我今天岂能因为你们的召唤而变节改侍别君，这是万万不能的！"李自成的使者无奈告退。傍晚时分，李树声高声疾呼苍天，愤郁而逝。

丁忧守孝李树声，节烈高洁不二臣。

明厦倾颓无力挽，疾呼苍昊愤捐身。

李春华——品端奉母不仕

李春华，明万历乙卯（万历四十三年，1615年）举人，操行洁美，清静无为，常以修行个人品德为任，以琴书自娱，曾任无为州（今安徽省无为市）知州。任期两年后，因官声卓著，督察院曾给朝廷上书举荐他。他的母亲在官邸得了重病，李春华"扶舆归"（手扶车舆，徒步返回岐山老家），尽心奉养，与母亲和悦恭谨，融融相处，陪伴母亲走完了她人生的最后岁月，远近知情的岐山人都称赞、敬佩他的孝心孝行和人品。

琴书自娱举人身，扶舆归岐奉母亲。

两载无为州府事，谁人不称孝行深。

李存——遵奉母命济民

李存，明朝岐山县庠生（秀才的别称），他的父亲早逝，母亲守寡抚养他成人，李存赡养母亲特别孝顺，凡是母亲提出的合理化要求和建议，李存无不遵从。年岁饥馑期间，岐山一带流民四起，乡人度日维艰，母亲让他周济饥民，他慨然拿出了家藏的粮食"千石"（10万斤），救活饥民无数，相邻几个县的知县联名上奏，把李存旌表（官府颁赐牌坊或匾额以表彰）为"岐周义士"。

母寡儿孤明李存，遵从亲命济饥民。

荣得知县联名奏，义士贤声享世尊。

范章——正直奉母拒奢

范章，明朝岐山县通济里（今蒲村镇西，北至京当镇杜城一带）人，明天启时庠生。秉性方正，他一生端直行事，连走路都只走正南正北、正东正西的路，从不走斜路。他奉母至孝，深得母亲欢心。母亲去世后，范章痛不欲生，不事奢华，四十多天每天只吃麦麸充饥，杜绝酒肉三年，以怀念母亲对自己的艰辛养育之恩；范章在家中常年奉祀着母亲的神主牌位，"一如亲在，每食必献，出入必告，终生如一"。堪谓孝之至矣。

秉性端直概不偏，孝亲侍母甚得欢。

忌食三载酒与肉，奉祀终年人称贤。

王髦士——得赠敦孝明经

王髦士，明朝岐山人，贡生（府、州、县秀才中成绩或资格优异、升入京师国子监读书者）出身，博学多才，善于赋诗。他的母亲患有严重的瘿疾（甲状腺肿大），生活起居不便，王髦士十分孝敬母亲，照顾母亲的生活起居无微不至。母亲去世后，王髦士哀痛不已，在母亲的墓地结草起庐，起居其间，陪伴母亲。他的孝行感动了学使（即学政，全称"提督学政"，亦称"督学使者"，俗称"学台"，为地方文化教育行政长官），给他赠送了"敦孝明经"的牌匾。

善赋诗文乃贡生，母亲堂前尽孝行。

起庐结草陪坟墓，敦孝明经学使封。

王进收——艰难寻母尽孝

王进收，岐山县资福里（凤鸣镇资福村）人，生于明天启五年（1625年），他的家境非常贫寒，王进收孩童时候，父亲就去世了，母亲雷氏改嫁到了连云栈（位于陕西汉中地区，古为川陕通道，自凤县东北草凉驿南至开山驿，全长约470里）。王进收不知道母亲改嫁后的具体地址，二十年间访寻不辍，踏遍了连云栈的角角落落。他每与人言，均痛哭流涕，血泪沾襟，伤心得不能自已。得知母亲的居所后，王进收星夜疾驰，飞奔往见，伤心悲痛之情令旁观者潸然泪下。在母亲处居住的数月间，母亲改嫁的丈夫亡故，家中没有男丁（无子），王进收竭力将其安葬后，用竹筐背着母亲返回岐山老家。他每日打柴为生，奉养生母，母亲得病，他"求药祷神，愿以身代"，母亲去世后，王进收守墓尽孝，被传为佳话。

丧父又逢母易行，秦山跑遍甚悲情。

呕心沥血只因孝，大赞岐人泪眼朦。

武全性——侍奉继母致仕

武全性，明朝岐山人，性格温顺，对待朋友非常和善，尤其他侍奉继母至善，很令继母欢心，他的兄弟中有不听继母话，违背了继母意愿者，武全性总是跪在继母的面前，代替兄弟向继母百般叩请赔罪，直到继母释然宽心为止。因此，他的兄弟们都把孝奉继母、和谐忍让作为维系家庭和睦的原则。后来，武全性由岁贡（贡生的一种）出仕荆门（今湖北省荆门市）同知（知府的副职），他居官十年期间，廉勤小心，爱民如子，回归岐山故里后，清淡自守，诚信对待乡党邻里，从不说假话修饰自己的行为，受到了人们的高度称赞。

温顺谐和性至贤，为兄代弟奉娘欢。

一门孝母堪嘉赞，致仕荆门淡雅传。

罗佑——贫穷侍母乡贤

罗佑，明朝岐山人，少年丧父，家境苦贫，母亲守寡抚养他成人，罗佑侍奉母亲十分孝敬。他长大成人后，性格方正，由岁贡（贡生的一种）出任宁阳县（今山东省泰安市宁阳县）知县。罗佑为政以德教为重，清廉为本，一次，有个罪犯的家属给他送来一斗金，请求赦免罪行，遭到了罗佑的拒绝，罪犯家属联通权贵要挟罗佑受贿，罗佑慨然辞官，回归岐山故里，罗佑这种沿着端直道路行走，公正办事的人品和作风，被宁阳和岐山人民广为传颂。后来，罗佑被奉祀为岐山乡贤。

少失所怙寡娘贫，幸有贤才孝母亲。

出任宁阳知县事，辞金卸任更当钦。

牛养杰——孝事后母忠正

牛养杰，明朝岐山人，母亲亡故，父亲再娶以持家，牛养杰秉性方正，博通群书，对待继母很是孝顺，母子关系处理得十分融洽。家庭和顺、天资聪颖所致，牛养杰由选贡（贡生的一种）出仕延津县（今河南省新乡市延津县）知县，闯王李自成大军抵达延津后，牛养杰坚不投顺，他穿戴并整理好官衣后，面向北拜别明朝皇帝，厉声大骂叛乱的闯王军队，壮烈而死。

性格方正牛养杰，继母堂前倾心结。

知事延津廉且敏，不投李闯显英节。

蔺爱——侍母曲尽子职

蔺爱，明朝岐山县仁圣里（今凤鸣镇陵头、祝家巷、周公、董家台一带）人，岁贡生（贡生的一种）。蔺爱小时候父亲就亡故了，孀母守寡抚养蔺爱成人。蔺爱有感于母亲的生身和养育之恩，尤其是母寡子孤，母子凄惨度日，历尽艰辛苦难的经历。蔺爱对待母亲极其孝顺，关心照顾无微不至，母子相处其乐融融，远近之人都翘指称赞蔺爱的孝心孝行。上宪（上司）闻知蔺爱的孝迹后，颁赐牌坊匾额对蔺爱家进行旌表，其事迹也被万历、顺治、乾隆、道光、光绪、民国诸部《岐山县志》载入"人物卷""乡贤"内。

孀母寡节抚育之，报恩尽孝若兰芝。

艰辛历尽融融处，上宪赐牌旌表兹。

李争艳——忠孝奉母入祠

李争艳，清朝岐山县怀贤里（今雍川镇北部及凤鸣镇大营南部一带）人，他两岁丧母，继母史氏养育成人。李争艳幼年就对继母很孝顺，15岁就读，因家境贫寒而弃学，每天耕作供养继母。康熙三十年（1691年），岐山一带年岁饥寒，李争艳远涉甘肃阴平（今甘肃省文县境内）、武都（今甘肃省陇南市）背米，以供朝夕，时日不久，家境仍然面临食不果腹之厄。李争艳叮嘱小儿子在家照看祖母，自己携带长子李炳生前往汉中贩米，到汉中后，怕老家的继母断粮，刚积攒了三斗米，就急切背负回岐山老家，以供养继母。艰难岁月中，李争艳时刻不忘督促长子炳生努力学习，李炳生不负父望，"登康熙乙酉贤书"（康熙四十四年，1705年考试中式的名榜）。李争艳感慨地说："我的父亲虽然没有亲眼看见孙子高中，但可以告慰父亲的在天之灵，也可以安慰我母亲的抚育之心了。"五年后，李争艳先于继母而亡故，去世前，李争艳给儿子李炳生说："你的祖母尚在，我不能终养尽孝，是有罪孽的，我死后，不许给我用半寸丝帛！"后来，李炳生出任庆云县（今山东省德州市庆云县）知县，申报朝廷恩赠李争艳为文林郎，奉祀忠孝祠。

> 弃学奉养继母史，负米汉中念桑梓。
>
> 先逝忌穿帛半寸，赢得嘉誉美名驰。

何汉——侍父被举孝廉

何汉，字海若，清朝岐山县在城里（县城周围）人，幼年丧母，他侍奉父亲极尽孝道，父亲去世后，他在父亲的墓地旁起盖草庐，居住其间，为父亲守墓，三年丧服期满，他才回家居住，邻里乡党都敬重他的孝行。康熙五十八年（1719年）和雍正五年（1727年），何汉两次被推举为孝廉（孝悌、清廉之士），后来，他出任陕西省洛川县司训（县学教谕的别称），洛川人有"得师之庆"。

幼丧母亲失怙依，遂将慈父侍之奇。

三年守墓谁能到，两举孝廉洛川期。

雒兼善——三代孝敬父母

雒兼善，清朝岐山县在城里（县城周围）人，庠生（府、州、县学生员的别称）。雒兼善的父亲雒泰皋因为家贫，在雅州（今四川省雅安市）经商，适逢吴三桂叛乱，雅州的世事动荡，雒兼善虽说当时只有14岁，但聪颖达孝的他却非常担心父亲的安危，担心父亲在动荡中遭受不测，他昼夜痛哭流涕，头发愁白了一半。他决心去雅州找父亲，亲友们多方劝阻，但他心如坚石，矢志不渝地要去。邻居程宗儒被他的孝心坚志所感动，领他前往雅州。当时，雒泰皋亦在从雅州返回岐山的途中，他们在凤县柴关岭相逢，悲喜交集下，共同返回家中。从此，雒兼善"依依膝下，不忍一刻离"。

雒泰皋告诉儿子："咱们家世代以儒学为业，你要安慰我，就要立志学业，来继承咱们家的声名。早晚在我面前问安，这只是小事情，你要以大事为重。"雒兼善从此专心致志，发愤读书，第二年他就考中了庠生（秀才），大家都说雒家出了个好子孙。

后来，雒泰皋得了痰疾（一说为精神病，一说为肺病），雒兼善衣不解带地侍奉在侧，三年后，父亲去世，雒兼善悲哀过度，消瘦得只剩下一副骨架支撑着身体（哀毁骨立），尽礼安葬父亲后，逢年过节，雒兼善都在父亲的神主前哭奠不已。前母（继室所生的子女对父亲前妻的称呼）"年老齿落，每食颇艰"，每顿饭前，雒兼善必亲自下厨为前母烹调，等前母吃饱后，他才吃饭，这样坚持了两年，前母竟然长出了满口牙齿，人们争相称颂，都说这是雒兼善的孝心所致。前母去世后，雒兼善同样尽哀尽礼安葬，朝夕哭奠，从无更改。雒兼善的儿子雒珂聪颖贤达，同样地孝敬父母，是岐山县的增广生（秀才的一种）。在岐山县城的忠孝祠里，有雒兼善的祀位。

父贾雅州遇兵灾，不渝奇志泪盈腮。

慰安入泮庠生显，前母牙生孝致哉。

侯秉璧——奉母找药指落

侯秉璧，清朝岐山县义丰里（今岐山县故郡镇南部，大营地区北部一带）人。侯秉璧3岁丧母，继母刘氏抚养他成人。后来，刘氏得了重病，卧床不起，侯秉璧侍奉汤药，三年衣不解带，百般请医调治。他听说麟游县有一个名医能治疗继母的疾病，于是侯秉璧一心要去麟游请那位医生来岐山为继母调治。人们告诫他，去往麟游的山中多出猛虎，非常危险，但侯秉璧丝毫不惧，毅然只身前往。果不其然在山中遇到了老虎，但老虎却没有伤害他。医生说需用桑蠹（dù）虫（中药名）治疗继母的疾病，但当时正值隆冬，桑蠹虫极难寻找，侯秉璧忍着严寒，到处寻找，手指头被冻掉了几个骨节。继母病逝后，他悲哀过度，七天没有吃饭，人们交口称赞，说他是罕见的孝子，后来，侯秉璧被祀入岐山县的忠孝祠。

抚养儿男继母刘，延医秉璧赴麟游。

蠹虫苦觅指骨掉，忠孝祠间美誉留。

梁必逢——守丧左书致仕

梁必逢，字书升，清朝岐山县在城里（县城里外）人。梁必逢的性格宽和厚道，待人诚恳，父亲梁琼早逝，母亲守寡，苦心抚养几个孩子成人。梁必逢兄弟之间，互相敬重，切磋勉励，十分融洽，"怡怡如也"。母亲去世后，梁必逢遵守礼教，奉行礼制，三年不涉足一切恣肆欲望、欢怡宴乐的事情，岐山文人士大夫阶层的人对他这一点都十分称赞和敬重。

梁必逢做秀才期间，发愤读书，一心继承家业声望，因他长期在潮湿的土室中学习，导致右胳膊得了严重的风湿病，右手不能执笔写字了，人们都说，这下梁必逢要丢弃学业了。没想到，疾病不但没有打倒梁必逢，反而使他致力于学习的心志更加坚强了，他学会了用左手写字，在乾隆二十七年（1762年）赴乡试，得中举人，人们对他的坚强意志都佩服有加。

后来，梁必逢以教谕（一个县主管教育的正职官员）借补长武县训导（一个县主管教育的副职官员），朝廷封赠了他的父母。不久，梁必逢去世在长武县训导任上，长武和岐山县的人士都扼腕叹息。

孝悌忠直梁必逢，服期禁欲受人崇。

读书因奋风湿累，修就左书训导翁。

陈昌言——孝父爱弟家隆

陈昌言，字赓堂，号岐峰，岐山县京当镇宫里村人，生于清乾隆三十一年（1766年），卒于道光十一年（1831年）。

陈昌言的父亲名叫陈廷秀，字时升，太学生，母亲姓李，继母姓孙，陈昌言的弟弟陈德为其继母所生。

父亲陈廷秀秉性刚直急躁，陈昌言在父母堂前十分孝顺，父母不高兴的时候，陈昌言总要陪伴在他们身边，和颜悦色，殷勤侍奉，跪着递送饭食，多方劝慰，直到取得父母的欢心后，陈昌言方安心离开。

弟弟陈德小时候体弱多病，父亲对其偏爱有加，陈昌言体恤父亲对弟弟的钟爱之心，他同样也偏爱弟弟，弟弟喜欢的，他也喜欢，弟弟不喜欢的，他尽量不去触及，免得弟弟因不高兴而伤身。在陈昌言的身体力行和言传身教下，陈家上下一团和气，家业自然而然地丰隆了起来。

岐山县当时的庠廪膳生员杨秉乾在为陈昌言撰写的墓志中说："《书》曰：'惟孝，友于兄弟，施于有政'，公其有焉。"

力行孝悌陈昌言，矢志秉承厚德观。

爱弟因博父心喜，阖家上下意气欢。

陈良贵——侍奉继母爱弟

陈良贵，清朝岐山县马碛里（今蔡家坡镇三道岭、龚刘、永乐一带）人，庠生（生员、秀才）。陈良贵在继母膝下行孝在当时很著名，继母生病后，他多方请医治疗，亲自煎汤送药，衣不解带侍奉继母。继母去世后，他三年不吃肉不饮酒，乡里邻人都称赞他有古代孝子的遗风。他的弟弟为继母所生，陈良贵体察继母的意愿，终生和弟弟谦让、友爱有加。他的事迹被收入光绪、民国两部《岐山县志·人物》。

继母堂前孝有名，煎汤送药倾真情。

三年禁肉兼忌酒，兄弟谦和爱意浓。

王特恩——清朝岐山丁郎

王特恩，清朝岐山县渭阳里（今蔡家坡令狐、酸枣林一带）人，他的父亲王宠命患有痿痹（即痿病，肌肉萎缩或瘫痪的一种病症）不能行动，王特恩做了一个木制小车，让父亲坐在车内，他用绳子拉着父亲出门散心。父亲病重后，大夫说重病期间，用药不奏效的患者，古人有尝粪便味道来验证吉凶的说法。如果病重不可救药了，就不必再枉费心力来用药调治了。但尝粪便这样的事情，一般人是绝对难以办到的。王特恩立即取来父亲的粪便，丝毫也不厌弃地进行了尝验，果不其然父亲已经病入膏肓，无药可救了。父亲去世后，王特恩用木头刻制父亲的雕像，朝夕供奉哭奠，堪谓岐山的丁郎。

王特恩的哥哥早年亡故，王特恩对侄子王青选的学业严加督管，他经常给人说："我不能显扬父母，但是我要靠我的侄子给我们王家争气扬名。"王特恩去世后，王青选伤心哭泣得如同自己的生身父亲去世一样，尽礼安葬了伯父后，王青选愈加发愤读书。他先考中廪生（廪膳生员），后考中岁贡（岁贡生）。光绪、民国两部《岐山县志·人物》评其为"一门叔侄笃于伦常，乡里称颂焉"。

> 知疾尝粪王特恩，效法丁郎奉父亲。
>
> 严教家侄声誉远，廪生升贡耀门庭。

萧汉辅——奉母济贫德孝

萧汉辅，清朝岐山县义丰里（今岐山县故郡镇南部，大营地区北部一带）人，增广生员。他的继母在临去世前三年，一直卧床不起，饮食、起居均需人全力照料。萧汉辅尽心侍奉，和颜悦色相待，从来没有懈怠过。嘉庆七年（1802年），岐山一带遭遇荒旱，受饿而死的黎民为数不少，萧汉辅的继母十分怜悯，一心想周济饥民，但苦于力不从心，继母命萧汉辅周旋筹划，萧汉辅遵奉母命，借贷了百缗（缗为穿铜钱用的绳子，每串铜钱一千文）铜钱，全力周济村里的饥民，并且不要受济者偿还，还丝毫不流露对人有恩德的神色，堪谓母贤子孝的典范。

起居照料尽皆周，三载孝行解母忧。

遵嘱济贫依借贷，高贤大品表德优。

李建沣——负土营筑母墓

李建沣，清朝岐山县在城里（县城里外）武生（武秀才）。他天性纯洁厚道，忠实笃信，非常孝敬母亲。母亲去世后，李建沣经常背土筑坟，三年下来，他母亲的坟墓竟然被他筑成了一个高大的墓丘，其孝母之心由此可见一斑。李建沣的家境并不丰裕，但每当乡邻遇到焦急、困难事情的时候，他均慨然尽其所有予以帮助。光绪、民国两部《岐山县志·人物》评价李建沣说："其好义任恤类如此。"意思是说，他的爱好正义、诚信并给人以帮助和同情就是这样的。

笃厚纯实李建沣，贤因孝母蕴春风。

筑坟负土墓丘伟，好义之名任恤同。

杨秉乾——孝奉继母品高

杨秉乾，清朝岐山县朝阳里（今岐山县益店镇宋村、师家庄、青化镇凤家庄、毛家庄、南武村一带）人。他侍奉继母非常孝敬，继母很欢心宽慰。他的继母年过七旬，不幸得了风痰（咳嗽、哮喘一类病），杨秉乾对继母每天的起居饮食都要亲自服侍。继母去世后，他因为继母多年卧病在床，备受疾病困扰而倍加悲痛，人们都称赞他是孝义的君子。杨秉乾不但孝敬继母，而且品学兼优，尤其作文论题，教授生徒高人一筹，他擅长四六句骈文，几次考试都没有考中的举子，经他教导点拨后，大都能考中，所以他的学生中成才的很多。因他孝母至尊，为人正直，处事端方，所以很受人们敬重。

> 侍得继母甚欢心，起卧饮食亲问津。
>
> 乡党均言多孝义，尤擅教授不售①君。

李佐朝——侍奉盲母称孝

李佐朝，清朝岐山县朝阳里（今岐山县益店镇宋村、师家庄、青化镇凤家庄、毛家庄、南武村一带）庠生。他待人天性诚挚，为人小心谨慎。李佐朝立下誓愿和志向，一心致力于学业，所以他终生都在苦心钻研学问。他的母亲年迈，加之双目失明，李佐朝每天都要亲自服侍母亲的生活起居，从来没有嫌弃和厌倦过。从始至终，他都像幼童爱慕、留恋父母一样，眷念和侍奉着母亲，被人们广为称颂。光绪、民国两部《岐山县志·人物》评价他说："依依②孺慕③，人称孝焉。"

---

①不售：县志原文为"屡荐不售"，指几次考试均被推荐，但终未被录取的童生。不售：售卖不出。

②依依：不忍分离，恋恋不舍的样子。

③孺慕：语出《礼记·檀弓下》："有子与子游立，见孺子慕者，有子谓子游曰：'予壹不知夫丧之踊也，予欲去之久矣，情在于斯，其是也夫'。"郑玄注曰："丧之踊，犹孺子之号慕。"后用"孺慕"来比喻子女对父母的哀悼、悼念以及孝敬、爱戴和怀念之情。

待人真挚好庠生，励志求学誓愿浓。

孺慕依依堪赞赏，孝及盲母赤心诚。

冯前——老求功名慰母

冯前，民国时期岐山县第一区陵头村（今岐山县凤鸣镇陵头村）人。冯前的家庭境况很是贫寒，他对待母亲十分孝敬。冯前60多岁的时候，虽然已经"白发皤皤①"了，但他却还在孜孜不倦地参加童子试②，他这样不屈不挠地参加考试，是想以学业所成来安慰母亲。当时的学使③林迪成听说他年老还致力于求学，是为了孝敬和安慰母亲后，感到非常惊讶和钦佩。后经岐山县学训导④张福泽给上司告请，给他颁赐了"佾生"⑤的名分，他的母亲甚感欣慰。母亲去世后，冯前每顿饭必先祭奠母亲，并像母亲在世一样，呼叫着请母亲吃饭，孝敬侍奉与母亲生前没有两样。

民国《岐山县志·人物》评价说："其孺慕之心，老而弥笃。"意思是说，冯前像幼童一样留恋、爱慕、眷念、侍奉母亲的心理和举动，在他年老之后更加诚恳笃实了。

白发皤皤志不休，以之慰母既相筹。

感及学使来钦佩，颁赐佾生孝誉留。

---

①皤皤（pó）：头发白的样子。

②童子试：科举制度中的低级考试，童生应试合格者始为秀才。

③学使：即学政，为提督学政的简称。

④训导：主管教育的副职官员。

⑤佾（yì）生：考秀才虽未入闱，但成绩尚好者，选取充任孔庙中祭礼乐舞的人员。

李耀先——六年孝侍瘫父

李耀先，民国时期岐山县第六区高店镇（今岐山县蔡家坡镇高店街道）人，清光绪十一年（1885年）由府首入学。李耀先谦虚谨慎，素有孝行，他的父亲得了瘫痪病，卧床不起六年，李耀先侍奉在侧，一刻也不离开。给父亲煎汤喂药前，他总是要自己先尝一下汤药烫不烫，苦不苦，父亲的大小便都是他亲自打理洗涤。父亲去世后，李耀先悲痛至极，形容消瘦得只剩下了皮包骨头。丧服未满的三年期间，李耀先脸上从没有露出过笑容。另外，李耀先侍奉继母麻氏与他的生母没有两样，母子关系处理得也是极度亲和融洽。不知内情的人，根本感觉不到他们是非亲生关系，远近的乡邻都交口称赞。

谨慎谦虚有孝襟，父得痛病卧六春。

侍疾洗涤亲搭理，继母堂前奉亦尊。

王绍周——悌门三个贡生

王绍周，民国时期岐山县润德里坳王村（今岐山县凤鸣镇北寨子村坳王自然村）人，字子原，岁贡生，曾任安定县①训导。王绍周性格品行醇厚质朴，待人接物谨慎敦实，书画均有较深的造诣，当时岐山一带的屏风、帐幅、墓碑、墓志大多都是他书写绘制的。他曾经在周公庙设帐（设馆授徒），学生众多。他的哥哥王绍祖字述庵，弟弟王绍闻字衣

---

①安定县：今甘肃省定西市定西区。元至正十二年（1352年）因陇中地震，改定西州为安定州，取安宁稳定之意。民国三年（1914年），改安定县为定西县。

德，弟兄三人都是岁贡生。三弟王绍闻身体多病，二哥王绍周将三弟搬进自己在周公庙的书斋，请来医生，给弟弟多方调治。数年期间，王绍周每天不厌其烦地亲自为弟弟煎汤送药，从无倦怠之意，广受世人称颂，人称王家一门三贡生。

敦醇质朴王绍周，书画兼长美誉留。

更是同胞情至切，一门三贡仰风流。

李应甲——岐山的老莱子

李应甲，字岳山，民国时期岐山县第五区怀仁里枣林镇（今岐山县枣林镇枣林街道）人，岁贡生。李应甲生性直爽，60多岁的时候，他的母亲还健在。他的孝行颇得母亲的欢心，母亲爱看秦腔戏，不论远近，凡是逢庙会演戏，李应甲均要把竹椅子绑制成轿子，叫上子孙辈，把老母抬去逛会看戏，并给母亲购买时令果食，让母亲品尝怡口。母亲吃剩的果食，他还要像婴孩一样，撒娇央求赐给自己，博得母亲欢怡一笑，人们都说李应甲有楚人老莱子之风。

嘉叹贡生李岳山，性直爽正孝娘欢。

轿亲逛会食怡口，岐邑老莱树大帆。

第七章 岐山人弥新孝迹

三千年来，勤劳、智慧、善良、笃信的岐山人民，秉承周礼以及儒家思想中的孝道文化精神，他们的一生，父尊、母慈，子孝、媳贤，兄友、弟恭，把和谐、善良、孝悌之风吹遍了西岐大地。

往古来今，在岐山这片热土上，涌现出了一批又一批的孝子、贤媳、悌兄、恭弟。他们在朴实无华的平凡日子里，用自己的修养品德，通过自己的不懈努力，让或年迈、或患病的父母时刻感受着朝晖晚霞般的余晖暖情，让一个个老人在安逸中度过了人生晚岁，在幸福中走完了人生历程。同时，又有不知多少为人兄、为人弟、为人姐、为人妹的岐山儿女，他们秉承周文化中的德治和仁爱思想，兄弟姐妹相携一顾，同胞相连，同气连枝，把孝悌之道中的悌文化精神，升华到了与日月同辉的境界。这些，都是在优秀周礼文化笼罩下的岐山儿女，用他们的优良传统和优秀品德缔结出来的颗颗珠翠，这是当今和未来社会取之不竭，用之不尽的力量源泉。

本章主要收录了当今岐山各界平凡人士在他们的平凡日常生活中，绽放出的不平凡孝悌之道花絮。我们记载他们的孝行懿德，为他们出书立传，并寄望他们的孝悌温风长久不衰，吹遍西岐大地。

彭宝斌——身残志坚孝义高

在益店古镇的四乡八邻里，到处流传着一位身患残疾，立志孝亲敬老的普通人，他就是益店镇益锋村残疾人彭宝斌。彭宝斌自幼身患顽疾，但他身残志不残，一颗厚德仁爱的心，一颗热心服务群众的心，一颗积极进取的心，时时处处影响着、感染着身边的人，得到大家的一致认同和赞扬。

照顾孝敬残疾父，一如既往

1993年，他的父亲彭志华年仅50岁，突发脑溢血昏迷不醒，半月后才渐渐苏醒。对于自幼身体残疾又有心脏病的彭宝斌来说，不仅要在医院照顾父亲，还要下地务农，四处筹措高昂的医药费，吃的苦是常人无法想象的。但他从无怨言，尽心尽力照顾着父亲，一次又一次将父亲从死神手中夺回。半年后，老人的情况渐渐稳定，但却落下了半身偏瘫的顽疾。为了减轻家中负担，他毅然从学校退学回家，帮助母亲承担起整个家庭的责任，依靠种植农作物和在外打小工偿还外债、支付父亲的医药费。他常常利用闲暇时间，和母亲一起为父亲擦洗身体、活动关节，与老人分享一些自己在外打工遇到的趣事，帮助老人恢复记忆。屋漏偏逢连阴雨，2001年9月，父亲不慎滑倒，致使大腿股骨头粉碎性骨折，在宝鸡市中心医院手术治疗一月才出院。他日夜守候在病床前端水喂饭、接屎接尿，他的孝心感染着同病房的每一个人。人们都夸赞他的父亲有福气，养育了一个懂事明理的好儿子。常言道："久病床前无孝子"，但彭宝斌却是二十多年如一日，一如既往，久久为功，用一颗孝心温暖着老人因残而日益冰冷的心。在宝斌的精心照顾下，彭志华老人现已75岁，头脑清晰，面色红润，虽不能行走，却精精神神，老人逢人就夸"我儿子身矮心好，对我好得很"！

他人危难显身手、有口皆碑

2015年秋季，同村居住的12岁少年于树孝被确定为白血病。于树孝的父亲于文龙早年离婚，儿子是他唯一的希望，却患上了花钱如流水的白血病，前期治疗花光了家里的所有积蓄，现在眼睁睁看着儿子被病痛折磨却无能为力，终日以泪洗面。彭宝斌在得知这一情况后，四处奔走，为其争取合疗、大病救助、民政救济等政策，帮助其解决了部分医疗资金。同时帮助其向社会发出困难救助倡议书，向社会各界爱心人士集资募捐，倡议书贴到益店镇大街小巷。宝斌还发动其他朋友走街串巷宣传动员，自己带头捐资200元，在他的带动下，爱心人士纷纷慷慨解囊，短短十天时间，共计收到各类捐款28500元。有了爱心真情的捐助，也解决了于树孝无钱治病的燃眉之急，使于树孝一家人深受感动。彭宝斌热心为群众办实事、办好事这一典型事迹，深深地感动着益店镇的广大群众，并被大家广为传颂。

身残志坚，尽职尽责为民服务

2013年，益店镇社区残疾人专委因病辞职，经多方考察评议推荐，彭宝斌顺利当选为益店社区残疾人联合会专职委员。他从一个门外汉，经过日夜加班加点刻苦学习，迅速成为精通业务的行内人，从此，宝斌成了残联工作的一名业务骨干。他一心扑在残疾人事业上乐此不疲，尤其是在干好各项业务工作的同时，一心一意关心关爱着社区的每一位残疾人，乐于为同病相怜的患难人服务的仁爱之心，在推动着、激励着他。干不好业务，永不停息，显不出一份爱心，寝食难安。社区的50名身患各种疾病致残的残疾人，谁因何致残，属于几级残疾，家庭人口，住房条件，生产生活的方方面面，他都能一口清，说得有条有据。这一切均包含着他的披星戴月，风雨兼程，一步一个脚印地走访、慰问的劳顿奔波，饱含着他一腔关怀、关心、关爱的汗水与热血倾注。

妙敬村郑家组张春侠属三级精神残疾，儿子在外地打工，无法回家，三夏大忙暴雨来临之际，大家都在忙着抢收粮食，急促的电话铃声把忙着收麦子的彭宝斌召唤，接通电话后，才知道是张春侠的女儿一个人收不了麦子请宝斌帮忙。宝斌听到哭诉后，二话没说，扔下自家手头的农活，开上三轮摩托车，赶到三公里以外的张春侠家帮助收麦。在暴雨来临前，将其小麦收完并存放好后，自己才冒雨回到了家里，妻子抱怨，儿子嘲笑，他却满脸微笑，耐心向妻子解释，终于取得了妻子的谅解和儿子的理解。如此之事，在宝斌任期内，数不胜数，不胜枚举。

彭宝斌是一名普普通通的残疾人，但他却在新时代的新常态下，为传承中华民族孝亲敬老，恩泽他人的文明新风，做着一个普通人不普通的事，并以此感召、激励着他人走向文明和谐美好的筑梦征途，带动着益店古镇敬老孝亲的社会风气向着更加健康的方向发展。

（益店镇政府）

邢英——大孝子的铁骨柔情

生于1944年的岐山县蒲村村老农邢英用自己的一生展示了中国农民的铁骨柔情。

说他是铁骨，因为他一生充满苦难，却依然坚强。说他柔情，因为他对父母、对兄弟姐妹、对妻子、对儿子都充满亲情。

邢英年幼时因条件艰苦患上了大骨节病。曾在寄养家庭遭受过虐待。回到亲生父母身边后，年少懂事的他，带着行动不便的病体无微不至地照顾家里众多兄弟姐妹。

成年后的邢英经历了更多的折磨。

邢英的妻子患有智障和先天性癫痫，然而他并没有就此放弃希望，四处奔走为妻子求医。西医、中医、江湖郎中，只要有一线希望，他都会全力付出。

不仅如此，在生活中他也无微不至地照顾妻子。妻子自理能力差，他就手把手教会她干农活、洗衣服。村里人都觉得他的妻子在他的帮助下好像变得"能干"了。

很庆幸的是，妻子还为他生下一个大胖小子。一时间邢英的生活似乎变得有滋有味起来。残疾的家庭也有了正常家庭该有的天伦之乐，希望与憧憬又回到了他的生活中。

然而无情的命运并没有就此放过对他的打击。

他的儿子在玩耍时癫痫病发作，因救治不及时，不幸夭折。遭受打击后，他的妻子也在不久后病倒，撒手人寰。

残酷的命运夺走了他的小家庭，碾碎了他的小幸福。

面对如此打击，形单影只的他一次次在妻子和儿子曾经经常出现的地方徘徊、悲戚。

当时的他几乎精神崩溃，就想屈服于命运的折磨，随妻子和孩子而去。

然而，他再一次挺了过来。只要他想起自己还要承担照顾年迈母亲的责任，就不得不坚强起来。

他终于走出了妻子和孩子早逝的阴影，只为让母亲坚强地继续生活。可命运并没有就此罢手，2000年，邢英的母亲突然昏厥摔倒，造成大腿骨折。受家庭条件限制，他们住不起大医院。于是邢英再次踏上了向民间寻医问药的旅途。在此期间他也多次遭遇了挫折和失败，但好事多磨，他为母亲端屎端尿的事迹打动了许多人，人们纷纷帮他找医生和药方，母亲的病情终于在他的悉心照料下渐渐有了起色。

2005年，邢英的母亲再次摔倒骨折。他再次拖着一瘸一拐的身体在床边无微不至地照顾。前前后后经过一年多休养，老人得以再次康复。

村里人纷纷说，老人这个年纪还能两次康复，这个奇迹是因为邢英的孝心感动了上天。

"百善孝为先"是邢英的座右铭。他总说："父母健在，就是最大的幸福。"村里人时常可以看见70多岁的他颤颤巍巍地搀扶着90多岁的老母在门前晒太阳。

命运对于邢英是不公的，然而他坚强地承受了命运的一次次打击，挺立不倒。正是那淳朴的孝心带领他走出了妻子、孩子早逝的阴影及贫困的阴霾。

邢英的坚强与孝心不仅成就了自己，也感化了身边的人。他先后被评为县级"好家风示范户""十大孝老敬亲模范""道德模范"。

（杨海龙）

龙略智——寸草报得三春晖

龙略智，岐山县凤鸣镇龙家河村人，岐山县委组织部干部。

岁月如流水，光阴弹指间。30多年来，他在干好繁忙工作的同时，精心照顾着他身体瘫痪的母亲，帮助着养育他成长的这方热土上的乡亲们，他的事迹被传为佳话。

时间流逝，日子过得越来越好。龙略智到县城工作后，就将年迈的母亲接进县城。他要做的不仅是让母亲衣食无忧、平安健康，更要让她没有孤独。他坚信，陪伴是最深情的告白和最朴实的行孝。从此就有了与母亲的一日共进三餐，有了每天晚上一起观看过的几十部电视连续剧……他说这些还远远不够，当一个人老了，就会觉得自己没用了，他要让母亲感受到别人需要她。就是那个周末，龙略智带着母亲去看望村里的那个失聪孤儿小宝。破烂的门和低矮的房屋映入眼帘，院子里倒是格外整洁，一个小男孩正站在板凳上，趴在锅口有条不紊地捞起来一碗白白的面条。这时候，他母亲走上前，将小宝从板凳上抱了下来，顺势就择起了菜，给他炒了韭菜鸡蛋，小宝高高兴兴地吃了一碗面。从那以后，每到周末，龙略智就带着母亲回老家去看望小宝，给他带去了家的温馨和亲人的关爱。

2015年，是龙略智人生中最艰难的一年。那年冬天很冷，昏黄的路灯映在积满雪的马路上，窗户上满是白气。在整个办公楼上唯一亮着灯的那间办公室里，他正加着班。突然接到邻居打来的电话："略智，你快、快回来，你妈妈出事了！"语气里透着慌张和焦急。"老嫂子，略智马上回来了，我先送你去医院"，嘟嘟嘟……他没来得及问一句话，电话就挂了。听那晚值班的同志说，他没穿外套就跑出去了，等值班的同志拿了衣服准备送给他时，他已消失在茫茫白雪中。后来得知，老人摔倒在家中，失去了意识，幸好就医及时，没落下大毛病，只是行动有些不方便。在他的精心照顾下，母亲的情况大有好转。

或许是没好利索，加上雪天路滑，没过多久，老人又一次摔倒了，导致严重的脑出血。医生告诉他，即使治愈也将卧床不起，意识不清。听到这里，略智噙着眼泪，只说了四个字"能醒就好"，泪水在眼眶里打转。出院后，他为老人和自己制作了生活作息表，何时换尿不湿、擦洗身体、何时翻身、何时睡觉等等。他和妻子坚持为母亲做病号饭、换洗衣服、拆洗被褥、按捏身体。每天用两个小时教母亲说话，一字一句，耐心引导，反复训练。吃饭时，右手一直放在母亲嘴边，随时准备接住无法下咽的饭食。现如今，老人从只会摇头点头，恢复到能表达自己的意愿，从口齿不清，恢复到能清晰地说出一句完整的话。

在母亲恢复意识看见曙光的时候，他查阅了大量的医学资料，购买了多种专业书籍，向专业按摩医师求学按摩技术，向医生和营养师咨询，学习各种药膳和养生食谱。

现在的他，都可以称得上半个营养师了。老人在他的精心照顾下，精神好了，胃口也好了。有时候在单位，同志们看到他走得又快又有劲，脚下好像生了风，嘴里还哼着小曲，一问缘由，才知道原来是老人中午多吃了一碗饭。

千金难买骨肉情，寸草报得春晖恩。中华传统孝文化源远流长。龙略智养母亲之身，悦母亲之心，成母亲之志，用几十年的不离不弃和坚守，让母亲重拾对生活的信心和热情。他用自己的行动践行了孝文化，传承了大孝美德。

（岐山县委组织部）

杨延峰——孝义担当

杨延峰，岐山县第一初级中学教师。为人父，亦为人子。用朴实平凡的点点滴滴践行着中华的传统美德——孝老爱亲。

为人子　久病床前行大孝

2003年8月，杨延峰顺利完成学业，参加了工作，作为人生的一个重要转折点，回报父母的养育之恩，尽一个儿子义不容辞的义务和责任。平时不管工作有多忙，他都不忘常回家看望父母，为父母送去适心的生活用品，做可口的饭菜，共享天伦之乐。农忙时节，他必赶回家帮着家里夏收秋种，从不叫苦叫累。父母常对他说，好好工作，不要太操心家里，这些闲碎的唠叨更让他觉得陪伴父母的时间真的越来越少，正应了一句话："孝敬父母，时不可待。"然而天有不测风云，2010年5月，父亲突然感觉右脑后部胀痛，左臂和左腿麻木没力气。他带父亲去宝鸡市中心医院检查诊断为脑梗塞，要立即住院治疗。可家里女儿刚出生，需要全天候照料，住院的父亲又不能缺少家属陪护，他第一次感觉到了分身乏术的艰难。20天后，父亲出院，想着医生对病情的分析以及叮嘱，他的心从此就一直悬在半空，因为这种病有突然发作和恶化的危险，他们也从此踏上了与医院打交道的漫漫征途。

2010年农历腊月二十五日，父亲突然晕倒，眼睛失明，嘴角歪斜失语，左臂和左腿失去力量。在朋友的帮助下迅速送到县医院，当时父亲已经昏迷不醒，确诊为脑梗复发，幸好送诊及时，没有并发脑出血。在医院的20多个日夜里，他真正体会到了度日如年的煎熬，病床很窄，父亲瘫在病床上不能自理，他就坐在医院提供的凳子上守在父亲身边，实在困了就在床沿趴一会，每分每秒都在祈祷父亲早点醒过来。五天后，父亲渐渐有了意识，但还不能下床走动，他就喂着父亲喝水、吃饭，用夜壶在病床上帮父亲如厕，给父亲擦洗身子、洗头、刮胡子。十五天后，父亲终于可以下床了，他就按照医生的要求搀扶着父亲在楼道行走锻炼，每一次下来他都是大汗淋漓，但看着父亲一天天好起来，他信心百倍。医生都认为能恢复到这个程度简直是奇迹，毕竟脑部较大面积的脑细胞全部梗死，同房的病友都说是他的诚心感动了上天。

为人父　悉心照顾释真爱

2012年，他的女儿一岁八个月时，突发40℃高烧，住院的第二天早上8点多高烧惊厥，送进了抢救室。他在坚持上完早晨第一节课后赶到医院时，女儿躺在抢救室的病床上昏迷不醒，身上插满了氧气管、吊瓶、心电图监控，母亲在病床前泣不成声。初为人父的他看到此情此景，两腿发软，瘫坐在病床前，狠劲地喊着女儿，女儿却一动不动。医生和护士让他平静下来，给他解释了相关情况，他心疼地抱着女儿打点滴一直到第二天凌晨5点多。12天后，仅仅出院2小时的女儿又高烧40℃，他和父母又连夜将女儿转院到宝鸡儿童医院，当天没有病床，他和母亲就坐在楼道的地上抱着女儿打点滴，看着母亲在医院已经熬了近半个月，憔悴不堪，他十分心疼，借来了护士办公室的一张闲凳子，让母亲趴在上面打个盹。深夜，他看着怀里的女儿，默默地流下了无助的泪水。女儿康复出院后，维持了三年的夫妻关系也走到了尽头。上有患病老人，下有咿呀学语的幼女，七尺男儿真正体会到了什么叫上有老下有小，也开始用铁肩挑起了他的世界。

2014年1月，父亲脑梗第四次复发，最终落下了三级残疾。母亲受惊吓又劳累，在医院陪护父亲时突然晕倒，经医院检查是高血压、冠心病、肺气肿。两个老人都住进了医院。他的天塌了。那段时间是他最艰苦难熬的日子，早晨6点多上班时带着孩子到单位，到了送园时间准时送女儿去幼儿园，中午下班去医院安顿父母饮食，下午下班去幼儿园接女儿，然后奔向医院照顾父母，他的日子像陀螺一样旋转。但他坚信，不管以后的人生道路如何艰难，孝敬父母，疼爱孩子，是世间永不褪色的真理和信念。多年来，在他的悉心照顾下，父母病情还算平稳，孩子健康成长，也算是上天对他的回报。

为人师 春风化雨润桃李

尽管家里负担很重，但他在工作上始终踏踏实实，一丝不苟。每天早上7点前，他带着刚上一年级的女儿赶到教室，把孩子放在教室最后一张桌子上，让孩子自己读书认字，他开始履行班主任职责，辅导学生早读，处理班级事务。下午5点，他抽空接回女儿，又放在教室让其完成作业，而他该上课上课，该跟班跟班，一直到晚上下班，才带着孩子回家。学校召开例会或者教研活动，他就把女儿一个人锁在宿舍，尽量把孩子对工作的影响降到最低限度。同事看着，感慨万千；家长看了，感动不已；学生受到感化，勤奋努力。而他常说："世界以痛吻我，我仍报以欢歌！"

也许，正是他的这种经历，才成就了他的坚强与豁达，才成就了他的沉稳和不凡。他孝老爱亲、任劳任怨、爱岗敬业，得到了大家的充分肯定，他不愧是一位新时代孝义担当的好典范。

（岐山县教育体育局）

徐玛丽——孝老敬业树新风

徐玛丽，女，现年34岁，岐山县城关小学教师。她的家是一个三代同堂的大家庭，上有年迈的公公、婆婆，下有正在上学的两个儿子，还有姑姐一家四口常来与他们同吃同住。她通情达理、持家有道、尊敬长辈、团结邻里，家庭和睦的事广为邻里所称道。她用中华儿女特有的勤劳、善良、纯朴，用她的智慧与包容，让这个家庭始终充满着一种亲密祥和的气氛，为老人带来了舒适安逸的生活环境，为孩子营造了宽松、和谐的生活氛围。她在邻居眼中是一位随和的好邻里，在丈夫眼中是一位体贴的好妻子，在孩子眼中是一位慈爱的好妈妈，在公公婆婆眼中更是一位孝顺的好媳妇。

包容奉献　家庭和睦

徐玛丽与丈夫结婚十几年来，一直与公公、婆婆他们一起住，让老人享受儿孙绕膝的快乐。老人爱热闹，常邀请女儿及外孙来家吃饭，她总是笑脸相迎，热情相待。上高中的外甥女正处于叛逆期，对谁的话都不听，唯独与她能倾心相谈，姑姐的两个孩子都说："最爱的人是舅妈。"

人们常说，婆婆和媳妇的关系不好处，就像锅和勺，没有不叮当响的，但徐玛丽觉得，只要真心实意待婆婆，就没有处不好的婆媳关系，作为儿媳，她继承了婆婆勤俭持家、勤劳质朴的优良作风，婆婆也跟她学到了许多年轻人的新思想。"娶个儿媳，就是我多了个闺女。"这是婆婆对人们说起儿媳时的自豪。公公年迈，身体也不好，脾气有时很暴躁，时常为难她，她也感到委屈，但是想到老人的心中也有苦与痛，她就不那么委屈了，反而更加关心他们，经常陪老人说话，帮他们除去心中的不悦，公公、婆婆因此十分疼爱这个善良的儿媳妇。公公婆婆年迈，经常生病，需要照顾，她认为老人年纪大了不容易，人都有老的时候，照顾好老人使其安享晚年是晚辈义不容辞的职责，因此，她尽全力照顾好两位老人，时常给他们买药，量血压，变着花样给他们准备一日三餐，两位老人提出的要求她都尽力给予满足，逢年过节她总不忘给老人买礼物，提起儿媳，老人感动地说："这孩子比闺女还亲。"大姐也说："我在父母面前尽的孝，不如弟媳的十分之一！"一次，婆婆不慎摔倒造成骨折，需要侍候，她按时按餐给婆婆喂粥喂饭，替婆婆换衣梳洗，任劳任怨，并时常搀扶老人到室外晒太阳，在她的精心照料下，老人很快就康复了。2008年汶川地震时，婆婆正做完手术躺在病床上做术后监护，无法起身，整个住院部的人都跑光了，她没有跑，而是和丈夫一起安慰婆婆，并在随后返回的护士协助下，抬着婆婆下楼避震，随后赶来的公公感动得热泪直流。

三代同堂的大家庭生活在一起，每个人都有自己的生活习惯，每个人都有情绪不好的时候，因此，误会和摩擦总是难免，徐玛丽认为，最好的处理方法就是不计较，碰上公婆不顺心发脾气，她从不当场理论，而是等他们心平气和后，再问明原因，和他们谈心，解他们心中的疙瘩。在家庭生活中，徐玛丽对公公和婆婆的照顾可谓体贴入微、宽容谦逊，街坊邻居提起他们一家人的关系，总是赞不绝口，她总笑着说："谁家没有老人？谁没有老的时候？我只是在尽我的义务，为孩子们做榜样。"孩子们也在这样和睦的氛围中懂得了做人的道理。

爱生如子　爱校如家

徐玛丽在家是个好媳妇，在学校更是师生交口称赞的好老师。她用满腔热情点亮了孩子们求知的心灯，她的教育格言是：捧着一颗心来，不带半根草去。对于班上的学困生、留守儿童，她总是花更多心血去关爱与教育，了解他们的家庭背景，与远方的家长时常沟通交流，让每一个孩子都能健康快乐地成长。

班上一个孩子的母亲不幸因病去世，孩子一时陷于悲痛中无法自拔，连续几天没来上学，徐玛丽知道后焦急无比，多次去孩子家中看望慰问，带去文具与生活用品，并帮孩子补课，鼓励孩子坚强起来。望着那贫穷简陋的家，徐玛丽心酸不已，她在班级微信群中发出倡议，号召全班同学捐款，用共同的爱心温暖孩子的心灵，温暖这个贫穷苦难的家庭。爱的力量是伟大的，是神奇的，短短两天时间，全班55名孩子及家长共捐款2300多元，孩子的父亲双手接过这满含爱心的捐款，用颤抖的声音说："我儿子有个好老师，有个好班级。"她紧紧地搂着孩子说："老师就是你的妈妈，三八班就是你的家。"孩子在她的关爱扶助下，终于走出了失亲的阴影，坚强地面对生活。

在工作中，她总是任劳任怨，无私奉献，领导交代的工作她从不推诿塞责，总是保质保量完成，她说："学校是个大家庭，我们都是其中的一分子，我们要有主人翁意识，把这个大家像爱自己的小家一样去爱，才能使它更美更好。"学校打扫卫生，脏活累活她都抢着干；顶班代课，她都积极主动地承担；学校承担的外派任务，只要落到她头上，从来不说半个不字。正是有这样的觉悟和情怀，徐玛丽才成为城关小学人人夸赞的好老师。

（岐山县教育体育局）

李煜——孝亲精神代代传

"弟子规，圣人训。首孝悌，次谨信……"李煜在父亲的教诲下，这篇耳熟能详的《弟子规》从小就能倒背如流。如今，9岁大的女儿在他的熏陶下，也时常饶有兴趣地吟诵。从父母到他，从他到女儿，"孝"是他们这个教师世家传承不变的家风。

李煜的父亲没有兄弟姐妹，是爷爷奶奶手里的独苗，虽然从小到大倍受宠爱，但却从未娇生惯养。他的父亲从小勤奋学习，靠自己的努力当上了一名光荣的人民教师。在那个知识和人才比较稀缺的年代，他父亲本来有很多机会进城或从政，但是，由于牵挂着父母双亲，身为独生子的父亲都放弃了，甘当一名默默无闻的乡村教师，一干就是40多年。到了退休的年龄，他的父亲仍然不愿舍弃自己终身挚爱的事业，直到累倒在工作岗位上。父亲任教的初中离家并不远，步行也就半个多小时，可是在李煜儿时的记忆里，父亲很少回家，即使是礼拜天也鲜有见到父亲的时候，因为父亲一直带的是毕业班，要给学生补课，偶尔回家，就用自己微薄的工资给全家人买一点好吃的，其中大部分都给了爷爷奶奶，而他们只能分到可怜的一点点，然后就是给他们讲一些尊敬长辈的道理，教《三字经》《弟子规》，完了又匆匆忙忙赶往学校。李煜清楚地记得，爷爷奶奶去世的时候，父亲都没来得及见上他们一面。父亲一生勤奋敬业、桃李遍地，"亲所好，力为具"，父亲用他的行动为爷爷奶奶争了光、长了脸。

李煜的母亲是一名普通的农村妇女，在她身上有着中国广大妇女所具有的一切传统美德和优良品质，她孝老爱亲，毫无怨言。由于父亲工作忙很少回家，养老育小的重任就落在了母亲一个人肩上，做饭、洗衣、收种庄稼、碾麦扬场，一年四季从头忙到尾，她却从没叫过一声苦、喊过一声累，平时在家像亲生女儿一样孝敬双亲，从不惹老人生气，端水送饭、捶肩喂药，无微不至地照料着他们的生活起居，直到把两位老人养老送终，把几个儿女拉扯长大，成了村子里公认的好媳妇。母亲对子女的要求也十分严格，教育他们从小要尊敬长辈、诚实守信、团结邻里，生怕儿女的任何一点不良行为给当教师的父亲造成负面影响。李煜上小学时的一个暑假里，和同村几个小伙伴趁天黑偷了邻村人种的西瓜，被人家追到村里来告状，别的伙伴只是被家长轻描淡写地数落几句，而李煜却招来母亲一顿饱打，完了，母亲还流着泪给人家赔不是，把一切责任都归结为自己疏于管教的结果。"亲所恶，谨为去"，父母厌恶的行为，要谨慎地去除，让父母省心，就是最好的孝心。看到他的一时糊涂令母亲蒙羞，李煜当时心如刀割，从心里发誓以后再也不会犯类似的错误。那件事对李煜的教训非常深刻，在以后的人生道路上，它时刻提醒自己做任何事情都要三思而后行。

在父母的影响下，李煜从小就盼望自己赶快长大，好为父亲分忧解愁。岁月如河，不知不觉中，几十年光阴悄然流逝。如今，李煜已年届四十，从父亲手里接过了接力棒，当了一名小学教师。而父亲已经去世十几年了，母亲也已年近八旬，后来，母亲患上了严重的老年痴呆症，行动迟缓、思维退化，生活不能自理。虽然他们兄弟姐妹有四人之多，但是母亲在这近两年的时间里几乎都待在他家，由他来侍养。白天由于要上班，他就花钱把老人送到别人家照看，晚上下班了，再接回家，一晚上睡在身边照顾起居。有时单位轮到他晚上值班，他就会带着母亲一起去。学校的领导和同事们都笑称他是"带着母亲值班"。有时女儿会问："爸爸，我奶奶怎么一直待在咱们家，不去我大伯、二伯和姑姑家呢？他们也是我奶奶的孩子啊？"这时，李煜会教育她："因为以前你爷爷和你奶奶在他们的几个孩子中最疼爱爸爸呀！所以，爸爸现在也应该爱你奶奶，当然舍不得她去别人家里了！"女儿听了"恍然大悟"。即使有时候母亲回老家在哥哥、姐姐家小住，李煜也会每隔几天就带妻女回家去看望。在他的言传身教下，年仅九岁的女儿特别懂事，每天都会乐此不疲地给奶奶数药、端水、吃药，俨然一副小大人的模样。有时，女儿也会充满深情地说："爸爸、妈妈，等你们老了，我也要这样孝顺你们!"听了女儿稚嫩而又暖心的话,李煜的内心不由得泛起阵阵涟漪。

不仅如此,在平常闲余时间,李煜充分抓住女儿喜欢听故事和爱好读书的契机,给她讲"卧冰求鲤""木兰从军"等古代贤子孝女故事,让她阅读"闻鸡起舞""精忠报国"等报效国家的忠臣良将故事。在这些故事人物的感染下,女儿逐渐懂得了读书的目的和人生的责任。更为可贵的是,女儿能把这些故事讲给其他小伙伴们听,也使他们受到了教育,在同学和家长中引起了良好反响,女儿也因此成为老师眼中的好学生,同事眼中的好孩子,邻居眼中的好儿童!而李煜,也成为领导和同事眼里的大孝子,得到了大家的一致赞扬。

(岐山县教育体育局)

杨虎明——用平凡的爱演绎人生

杨虎明,生于1958年,是岐山县蔡家坡粮库保管员。1979年参加工作以来,他爱岗敬业、任劳任怨、勤奋工作,先后多年被评为县粮食系统先进工作者。生活中,他怀着一颗孝顺之心、一颗体贴之心、一颗关爱之心,用自己的实际行动践行着为人夫、为人父、为人婿、为人子的责任和担当,感染了身边的人。

用真爱诠释闪光的"孝"字

他是细心孝顺的好儿子,更是敬老爱老的典范。父亲患脑梗,行动不是很利索,母亲患帕金森病,生活无法自理。2001年父亲脑梗再次复发,半身不遂、卧床不起,说话口吃、手脚僵硬,吃饭、穿衣、洗漱、起床这些最简单的事都不能自理。看到病床上瘦弱的父亲,杨虎明没有推责任,他暗暗对自己说:"父母抚养自己不容易,吃尽了苦头,受尽了磨难,现在老了、病了,是自己报恩尽责的时候了。"在老父亲住院的40多天里，杨虎明24小时陪床精心照料，帮父亲起床、穿衣、刷牙、吃饭、按摩、烫脚、接屎接尿，样样件件他总是亲力亲为。他的父亲一直以来胃口都很好，即使生病了，一日三餐也总是吃得很香。但是，对杨虎明而言，他每天就要帮助老人排便两三次，大小便失禁也是常有的事，他往往是还没收拾干净，老人就又弄脏了衣服被褥，他没有一丝怨言，没有一丝不满，总是默默地为老父亲收拾好一切，每天反复这些细致烦琐却又非常重要的护理步骤，这几乎成了他的固定模式。谁说"久病床前无孝子"，他用自己的实际行动告诉人们，久病床前不但有孝子，而且对父母的情意，会随着时间的推移变得历久弥珍。出院后，夜里老人家半小时就得翻一次身，再过半小时还得扶起来坐一会儿，再过半小时又要扶着躺下睡觉，他的父亲似乎是黑白颠倒了，每次睡觉不超过半小时，他常常是还没等睡着就得又起来翻身、捶背，就这样反复进行，每天夜里至少起来15次以上，长此以往，一段时间下来他的体重竟然减了18斤。

杨虎明家住在蔡家坡七〇二社区，房子只有20平方米，为了照顾父母方便，他的妻子找到七〇二厂长说明情况，厂子给腾出了10多平方米的房子，他把两位老人从大营村接到七〇二自己的家，从此开始担负起了给父亲喂饭、喂水、洗脸、穿衣等烦琐的护理工作。每天别人还在甜蜜梦乡时，他已经起床开始了为父亲洗脸洗脚、揉肩捶背、端汤送水等烦琐事务。每周一次的洗头洗澡、擦身换衣，他从未落下过一次，也从未说过一句怨言。有兄弟亲朋前来看望父母，看到父母气色很好，房子内很干净、整洁、没有异味，大家都很高兴，说两位老人有福气，有个孝顺的好儿子。看着父亲语言表达不准确，生活无法自理，难过又痛苦的神情，杨虎明心疼极了，他不辞辛苦，四处奔波，寻医问药，只要对病情有疗效的药，不管多贵，他都省吃俭用，买来给父亲服用。几年来，他尽心尽力照顾父母，为老人排解忧虑，分担愁苦，与老人默契沟通，他是老人的孝子、知己、挚友，他的孝顺、爱心，得到七〇二家属区、蔡家坡粮库的一致称赞。

百善孝为先，孝是德之本。行孝是善心的体现、爱心的写照、良心的凸现、耐心的考验。行孝是至高的道德、是高尚的行为、是做人的风范。他正是怀着感恩的心在默默回报父母的养育之恩，用实际行动传扬着尊老、爱老、敬老的美德。

用身体力行赐予生活的信心

他是体贴入微的大哥，又是铁肩担当的顶梁柱。1985年前后，小舅子由于高考名落孙山，思想上有了负担，随后精神上出现了异常，经宝鸡二康医院确诊，患有精神分裂症，经过治疗后，一段时期控制了病情，但受到刺激、季节变化就会复发。为了治好小舅子的病，他倾全家之力，东奔西走，去宝鸡上西安请教名医，寻找民间单方偏方，渴了喝口凉水，饿了啃口干馍，在一次病友相互询问中，得知益店镇有一位姓李的人有一个偏方，控制病情效果好，他就把这个人请到家中，把脉问诊。病友的这个偏方，药要用井水煎，井水不好找，但为了治病，再难都要找，经过艰难的寻找，蔡家坡原边有一口井还有水，这样他就每天不厌其烦地上原打井水煎药。经过两年多时间的治疗，内弟的病情好转，他又托亲朋好友给找对象，给他结婚并生有一子。孩子一岁多时，小舅子的病情加重，导致妻子舍家而去，而后，他又成为小舅子孩子的家长，现在孩子也成了一名大学生。由于小舅子的精神障碍日益明显，老是产生疑心和幻觉，不是说吃的有毒，就是说喝的有毒，面对这个特殊病人，杨虎明付出了常人难以想象的耐心。一年四季，寒暑往来，长期照顾病人，谁的情绪都会受到影响，然而，杨虎明的生活却没有因此暗淡下去，在人们眼里，他永远都是用充满爱心、充满快乐的言行去迎接生活中的种种不如意，去担当、去履行作为一个顶梁柱应有的责任和义务。

用言传身教塑造好父亲的光辉形象

他是一个好丈夫，更是一个好父亲。多年来，除上班时间外，杨虎明抛弃各种爱好，一心一意安排家务，照顾小孩。妻子在七○二厂上班，三班倒，既顾不上家里，又照顾不上孩子，这些事务全压在他身上，他既当爹又当妈，不会做饭，学着做，不会喂奶管孩子，请教邻居大妈自己学。在儿子的培养教育上，杨虎明没少操心过，儿子上小学的时候，体弱多病，时常感冒发烧，不是送儿子去打点滴，就是上门诊去拿药，晚上还得监督儿子完成作业、背英语单词。在儿子的成长方面，他更注重对儿子品德和能力的培养，有一次在学校，儿子与同学因为口角之争，一时气愤的儿子居然拿起板凳打了平日里玩得最好的同学。接到通知后，杨虎明急匆匆地赶到学校，问清原因，原来儿子的同学因出口骂了自己的妈妈，孩子一时冲动打了同学。回到家后，他对儿子说："他是你玩得最好的同学，你要学会包容，不能因为一句话出口没注意，你就动手打人。"之后，对方的家长也明白自己的孩子做得不适当，专门到家道歉。儿子在家里的时候，他从不宠儿子，对儿子力所能及的事情，他都是放手让儿子自己去做，比如收拾房间，整理书桌书包，晚自习回家煮面等等。谈到对儿子的爱和教育时，他说："要爱得适当，爱要有合理而严格的要求；要照顾得适当，必须要给儿子一些靠他自己的努力而获得成果的机会；要关心得适当，该放手时且放手，该放心处且放心。"现在孩子已成为一名优秀的西交大博士生。

（岐山县粮食局）

袁福生——老娘就是我家的宝

采访袁福生的工作并不顺利,我们到达雍川镇袁家村时,他正在县医院为老娘问医买药。村委会的杨书记热情地接待了我们,他向我简要介绍了袁福生的大致情况。临别之际,再次充满敬意地对老袁做了评价:几十年如一日的承欢老母膝下,是全村名副其实的大孝子!

按照村上提供的基本材料和通讯方式,我在回来后及时拨通了袁师傅的手机,不料话筒那头的他显得极其平静和淡然,甚至有些迟疑,话语却诚恳而实在:"天下儿子哪一个不养老娘呀?这是做人的起码要求嘛,有啥值得炫耀的吗?"我只好再三说明因由,袁福生这才慢慢地打开了话匣子……

1952年出生的袁福生,是袁家村袁二组一个老实巴交的农民,也是一名有着坚定党性原则的老党员。平日里跟四乡八邻的关系处理得极好,与人不争不吵,遇事有礼有节。如今虽已是年过花甲的老人了,还每天能牵着小孙子的手,乐呵呵地对着屋里的老人幸福地喊一声:娘!这对他而言,是再也幸福不过的事情了!

树欲静而风不止,子欲养而亲不待,这样的遗憾没有在袁福生的身上发生。与之相反,他在同龄人极其羡慕的声音里诠释着一个当代"老莱子"的生动形象。看到袁福生一家其乐融融的开心笑靥,人们自然而然会想起宋代大诗人苏舜钦诗作《老莱子》里的名句"飒然双鬓白,尚服五彩衣。"是呀,两鬓染霜的老人,儿孙环绕,堂上还有老母精精神神地陪伴着,人生若此,夫复何求?

袁福生的母亲是不幸的,但她同时又是幸运的。

李老太太是枣林街上李家人,早年嫁到袁家时,正是百废待兴的解放初期,农村人的生活家家户户都是捉襟见肘的光景,她虽是个没文化的家庭妇女，却生性刚毅，能吃苦，不惜力，忙完家里忙队里，里外都是好把式。不承想随着三个小孩接连出生，家道正在慢慢有起色的关键当口，丈夫却染上恶疾，撇下了老小，扔下了青春年华的她，撒手人寰了。往事不堪回首，那真是一段凄风苦雨的日子！20来岁的她，路虽漫长还要走，人虽难做还要活，擦干眼泪，鼓足干劲，拽着三个娃娃宽慰公婆：我不走！我要守着这个家，孩子我会养大，你们二老不用怕！

那一年，李老太太26岁，身为老大的袁福生才刚刚9岁，弟弟妹妹则还嗷嗷待哺，不谙世事。

一说到这里，袁福生就哽咽了，就难过了。多少年来，他不愿意提及那个年月的母亲，用他的话讲：太不容易了！老人家太可怜了！既要侍候祖父母，又得养活兄妹仨，守寡50多年来受的罪，流的汗太大了，太多了！

也正是出于这样的一种特殊情感，袁福生从小就是个听话的好孩子，早早就学会了帮母亲干活。他明白，没有了父亲的家里，自己这个长子就是顶天立地的男子汉，就是为母亲分忧解难的好助手。

结婚时，他也给妻子讲明了家里的特殊情况。袁福生的老伴也是一个淳朴实在、心地善良的农家女，听了婆婆的艰难经历后，深为同情和感念。过门后，她便时时处处为婆婆着想，争着抢着干家务，与丈夫一起，尽心尽力地照顾婆婆的衣食起居。

古人云"不孝有三，无后为大"。事母至孝的袁福生虽不懂其中"三"的具体含义，但他却与老伴及全家人的行动真正的给这句话做了最好的注解。老人有什么想法了，什么心思了，他会及时去揣摩，顺从母亲的意愿；老人不开心了，不高兴了，他会想方设法取悦母亲，博得母亲的欢心；成家后早早生育，子嗣兴旺，后继有人，让母亲成天笑口常开，乐得合不拢嘴！

直到今天，曾孙都成半大小伙了，80多岁的老母在家里还是说一不二的"老太后"。上了年纪的人，有时任性，爱发脾气，爱闹腾，言语上不饶人，可是袁福生的老伴，在这一点上非常注意，从不与之计较。在乡下，儿媳妇顶撞婆婆甚至吵架本是家常便饭，可是他们家的儿媳妇，包括孙媳妇，历来都是听从老太太的话，没有跟她老人家红过脸。

老人身体稍有不适，哼哼两句，袁福生便与老伴高度紧张，问长问短，一会儿拉着找大夫，一会儿打发人买药，生怕母亲受一点点痛苦。住院花销、生活费用等他们从来不与弟妹讲，常年默默承担着一切。遇到天气好了，总要扶着母亲在太阳下走走，转转，累了困了，围着老人捏捏脚，捶捶背……儿孙看在眼里，记在心上，外出回家总忘不了给奶奶、太奶奶带点软和可口的香吃货。

人常说，一时尽孝不难，难的是天天当孝子，尤其是天长日久的几十年这样守着老人，精心尽心的行孝，就更难能可贵了。可是袁福生并不这么认为，他一板一眼地告诉我："老娘就是我家的宝，怎么惜护都不够，我现在身体很好，要把老娘侍候到100岁！"

我听了哈哈大笑，与他在电话里达成口头约定：再过十来年，那时袁师傅80岁，我还要去采访他，采访他百岁的老娘，倾听他们大家庭里更多感人的故事……

（王英辉）

张瑞妮——仁孝无价

在岐山县京当镇小强村小西组，一提起37岁的张瑞妮，村里的群众都会竖起大拇指，夸她是个好媳妇。2016年，她被小强村评为"好媳妇"。

张瑞妮出生在雍水河畔的雍川镇原子头村。初中毕业后，张瑞妮就一直在位于蔡家坡的自立纺织厂打工。随着年龄的增长，张瑞妮也到了谈婚论嫁的年龄。

2005年，经人介绍，张瑞妮认识了在蒲村镇纸箱厂做销售的文军岐，当时，文军岐离婚单身，比1980年出生的张瑞妮大了整整8岁，家里还有年老多病的父母，身边还有前妻留下的一个男孩。面对这样的家庭情况，张瑞妮没有退却，在和文军岐相处一段时间以后，张瑞妮还是被文军岐对父亲的孝顺打动了。

古人说，"百善孝为先"，张瑞妮感觉自己没有看错人，她认为，一个能孝顺父母的人，是一个能让自己托付一生的人。就这样，张瑞妮和文军岐走到了一起，她说，认识丈夫文军岐，更像是一场意外，或者说命中注定的姻缘和安排。

爱情是充满想象的，但婚姻却是现实的。从爱情回到现实生活中，张瑞妮经历了一个角色和心理的转换。初为人妻，张瑞妮除了妻子、儿媳的身份之外，还有一个身份——继母。20多岁的她，要赢得一个七八岁孩子的认同，并不是一件容易的事情，开始，孩子对张瑞妮的到来是抵抗的，这种抵抗，也带着他对后妈张瑞妮的观察。张瑞妮知道，只有爱，才能化解这个缺失母爱的孩子心头的疑虑和抵抗，为此，张瑞妮与丈夫商量，没有急于要孩子，而是视这个孩子为己出，悉心爱护，只要是孩子需要的，她就尽力去做，凡是孩子上学的书包、本子，过年过节的玩具、新衣服，她一一替孩子料想周到，慢慢地，孩子一颗紧锁的心对张瑞妮敞开了，当孩子叫出"妈妈"的那一刻，张瑞妮流下了感动的眼泪。2009年，张瑞妮生下了一个男孩，她用母性的大爱关心、教育两个孩子，赢得了丈夫和两位老人的称赞。

张瑞妮的婆婆和公公的身体本来就不好，到2006年他们结婚时，两位老人的身体更是每况愈下。到了这一年8月，公公的眼睛彻底失明了，生活几乎不能自理。这对刚刚结婚的张瑞妮来说，面临的困境可想而知。一方面，她必须用母爱让丈夫前妻留下来的孩子接纳；另一方面，要肩负起一个儿媳妇的责任，照顾好公公和婆婆的生活与起居。而这些，张瑞妮说，她在嫁过来之前，就已经有了充分的心理准备，她相信，丈夫的挚爱和自己心底与生俱来的善良和仁孝，一定能帮助他们克服生活中的一切困难，向幸福迈进。

当然，婚后的生活非常具体。为了贴补家用，张瑞妮一直在蔡家坡镇的纺织厂打工，以贴补家用。为了方便照顾公公和婆婆，2014年，她与丈夫商量后，把公公和婆婆接到了蔡家坡自己的住处，一家人同吃同住。

张瑞妮尽心尽力照顾公公和婆婆，两位老人逢人就夸儿媳妇的孝顺。公公双目失明，瑞妮和婆婆就是公公的眼睛。2016年冬，80岁高龄的公公终因年事已高，撒手人寰，安顿完老人的后事，转眼就到了2017年的新年，让张瑞妮万万没有想到的是，刚过完春节，婆婆就病倒了，让张瑞妮和丈夫还没有放松下来的心又一次绷紧。

婆婆因为免疫力低下，患上了天疱疮。

天疱疮是一种慢性复发性以表皮内大疱形成为特点的自身免疫性皮肤疾病。婆婆先是口腔黏膜出现水疱和糜烂，而后全身皮肤开始起水疱，溃烂化脓，严重的时候，婆婆就会疼痛难忍，坐卧不宁，甚至会出现意识模糊，大小便失禁，不认亲人等症状。为了给婆婆治病，张瑞妮和丈夫带着婆婆跑遍了宝鸡、西安的各大医院，药吃了不少，钱也花了不少，婆婆的病却没有一点起色。医院看不好，张瑞妮就四处打听各种各样的偏方，只要能找到的草药，能用到的方法，不管费多大的劲儿，她都愿意给婆婆试一试。特别是给婆婆擦洗身子，涂药换药，张瑞妮看着婆婆身上溃烂的皮肤，一次次心疼得泪流满面。

俗话说，久病床前无孝子，连孔老夫子也说："色难"，但是，张瑞妮做到了。为了能更好地照顾婆婆，她干脆辞掉了工作，专门在家里侍奉婆婆。为了减轻婆婆的疼痛，张瑞妮每天都要给婆婆擦身子，擦一次身子，给婆婆换一身干爽的净衣服。张瑞妮辞职专门照顾婆婆，丈夫文军岐要挣钱养活一大家子，就更少回家了。婆婆看病需要花钱，两个孩子上学也需要钱，日子过得紧巴巴的，但是，当张瑞妮听说免疫蛋白粉对婆婆的病有帮助后，她就不惜花高价购买，给婆婆服用，她只希望，婆婆的痛苦能少一点，婆婆的病能早日好起来。

仁孝无价。《孝经》中讲："夫孝，德之本也。"张瑞妮以一个80后弱女子的大爱至孝，为全村年轻人做出了榜样，她以一个妻子的爱，弥合了一个离异的家庭，以一个母亲的爱，弥合了一个离异的孩子缺失母爱的心。面对失明的公公和患病的婆婆，她不离不弃，不是女儿，却胜似女儿，她的孝行大爱，得到了小强村村民的一致称赞，也感动着我们每一个人。

（梁亚军）

邱林兴——邻里和睦

家庭是社会的细胞，有小家才有大家。一个普通小家庭的兴盛和谐，可以折射出整个国家和民族的强盛发达。

国有政策，村有村规，家有家风。政策护国佑民，村规兴业维稳，家风教化育民。这是周礼法天地之德而教化于万民，治理国家、规范人们行为的法则，亦是周文化的核心。它支撑了华夏民族3000多年的精神根基。岐山是西周王朝兴国之地，受礼乐文明的熏染，3000年来，周文化深入人心，周礼典制根深蒂固，教化影响后世，村村有村规民约，家家有家风家训的完整体系。青化镇青化村邱家组农民邱林兴，也从父辈手里传承了一则家训：以孝为首，以公为先，以义为重，以邻为友。

先说以孝为首。邱林兴兄弟五人，他出生于20世纪60年代困难时期，作为家中老小，自幼母子相伴，年长的哥哥们多在外面干事，成家

114

早，家庭情况都比他好，按人之常情在照管老人方面应该多分担一些，但老实憨厚的邱林兴自觉践行以孝为首的家训，毫无怨言地主动承担起母亲的养老责任。他不但和妻子相亲相爱，两口子齐心协力，把90岁的老母亲侍候得乐呵呵的，至今身板硬朗能吃能睡，最重要的是邱林兴懂得尊重兄长，包容谦让，以吃亏为乐，独自照管母亲30多年，兄弟姐妹一直和睦融洽，从没因养老之事红过一次脸，吵过一次架。青化村老人们都说，邱家老母之所以高寿，家庭和睦是关键，老人从没受过气，乐观是长寿的主因。

好家风不仅仅在于自觉遵守践诺，最重要的是能代代传承接力。邱林兴和妻子的持家理念是孝字当头，他们以身作则，自己说到做到，同时要求儿女们也必须做到。两个孩子自小在祖母身边长大，爱老敬老没说的，邱林兴还不放心，儿女一上学就教育他们要以孝为首，规定每天放学回家头件事必须去祖母房间里问候请安，离家前还要当面辞别，以免老人操心牵挂睡不安稳影响健康。吃饭时不准儿女们先动手，指派着让他们把饭碗双手捧给老人，直到长者动了第一筷子，才允许开吃。有一次，已长成大小伙的儿子从外地打工回家，旅途的劳顿让小伙子忘了向祖母请安，一觉睡到半下午，邱林兴从地里回家知道后，连训带吼，骂得儿子委屈地哭了，老母亲闻讯赶过来劝说，妻子在一旁帮腔，都说娃娃坐了一天一夜火车太累了，年轻人瞌睡多，体谅一下孩子，但邱林兴不依不饶，说啥也不行，他让母亲回到房间坐好，逼着儿子摸黑去街上买了祖母爱吃的软蛋糕，去给老人请安，及时弥补了不经意间的忽略，邱林兴还是喋喋不休："当年爸被你爷骂过十回八回，你才一次算个啥嘛！家训能世代传下来，贵在坚守哩！"

千百年来，农民以种地为生，但近些年谷贱伤农，挫伤了农耕热情，村里许多人家见种粮没利润，出现了撂荒责任田的苗头。邱林兴既不是党员也没当村干部，按说这事与他无关，事实上村干部也没法管，可农民邱林兴记着以公为先的家训，谁家不愿种地了，他大包大揽接过手，不管得失闷头就种，家里地由最初的五六亩增加到十三亩之多，有人笑话他没眼色不会算账，一年忙得陀螺转，落不下几个钱，憨厚的老邱咧嘴一笑说："无粮不稳，咱多打一斤小麦也是支援国家建设！"

在青化村，邱林兴讲义气是出名的，邻里和睦亦广为人知。乡邻谁家过事，不用招呼，他第一个提前就到，摆家具，搭棚，烧火，端饭，担水，压面，碰上啥活，闷头就干，而吃饭坐席，他常常拖到最后一个，有时主家忙得顾不上招呼，他就自己调一碗干面，蹲在锅旁一吃了事，因为这种吃苦耐劳，义重情深的助人热心，邱林兴落下了满村好人缘。

邱林兴关心集体，热爱公益事业，经常主动修剪村街两旁的花木，清扫街道及公共场所的卫生，他热心组织，带头参加村民健身活动，以积极阳光的心态，感染着身边每一个人。邱林兴不愧是周原大地以身作则，传承好家风、践行孝道的典范！

（赵林祥）

童长生——孝老爱亲的好楷模

一个年过花甲的老人，患有甲状腺功能低下、慢性胃病、轻度脑梗等多种疾病，本身需要外人照料，但他却克服自身困难，十多年如一日，悉心护理86岁高龄的母亲，以实际行动传承周礼文明，践行孝老爱亲，他就是青化镇童峪村童一组老实巴交的农民童长生。

童长生全家7口人，四世同堂，上有86岁的老母亲，下有上学的小孙子，老少一大家子。他和母亲及儿子患有不同疾病，是国家建档立卡贫困户。以自家的生活状况，童长生完全有理由将高龄母亲推给哥哥弟弟们照管，好减轻家里的负担，但生在周原古地，谙熟周礼孝道的童长生没有因生活困难而推辞赡养父母的责任和义务，他顶着沉重的生活压力，义无反顾地承担了照管老人的重担。

童长生的母亲不仅年龄大，还是三级听力残疾人。近年来老人身体每况愈下，多病缠身，先后患过心脏病、脑梗等现代医学无法根治的顽症，且随着老人年龄增长，病情越来越严重。因为听力残疾，还存在沟通方面的障碍，陌生人几乎无法与之交流。为了管护好老母亲，童长生和老伴商量后分工协作，他专门照看老人，由老伴操持家务，带着两个孙子。

多年来，童长生每天大部分时间守在老人身边，洗脸穿衣，喂吃喂喝，端屎端尿，极尽照管之能事。春秋两季，他抱着母亲晒太阳，夏天摇着扇子驱蚊消暑，冬天早晚两次把土炕烧得热烘烘的，甚至为防母亲晚上起夜摔了磕了，他一直睡在老人身旁，一晚上数次帮母亲翻身子掖被角。

去年夏收期间，忙着收割晾晒的童长生累了一天，晚上照例睡在母亲身边陪护。凌晨起夜时，随意地唤了两声，没见答应，赶紧凑近察看，发现老人脸色苍白，手指不停抖动。他预感到母亲发病了，情况不妙，立即拨打了120急救电话，迅速把老人送到县医院急诊室，经过医生全力抢救，第二天早晨，母亲终于睁开了眼睛，而连日劳累加上一夜未眠，已经花甲出头的童长生终因力不能撑，累倒在母亲的病床前……

据统计，最近两年间，童长生的母亲先后住院6次，全家的大部分收入，都付了老人的医疗费，这是一个农民家庭成为贫困户的主要原因。今年6月，老人再次发病住院，家里实在没钱了，童长生从医院赶回家，把刚收获的小麦眼也不眨一次卖掉30袋，凑齐了住院费。刚过两天，小麦价格每斤上涨了好多，村里人替他算账说，少收入五六百元，亏大了，不如当初借些钱应急后再卖麦，童长生撇嘴一笑说，那是我老娘，只要老人好好活着，花多少钱都值得，咱不亏！人面前这样说，转

117

过身童长生却流下了苦涩的泪水。家家有本难念的经，外人哪里知道，童家不仅老母亲一年数次住院，童长生和儿子也常年用药，为了老娘的高额医药费，能借到钱的亲友们都被童长生借遍了。

周礼之乡的农民童长生就这样拖着病体，肩负着沉重的家庭担子，不改初心，守望良知，孝老爱亲，以默默地付出，低吟着一曲感人肺腑的孝道之歌。

（赵林祥）

闫雪翠——从"好媳妇"到"好婆婆"

"好媳妇"修为"好婆婆"，不仅仅是时间推移后的自然"晋升"，这个嬗变，源于天长日久修养的"爱心"滋长和长年累月的辛劳、汗水、忍耐，甚至忍辱负重的责任心。

闫雪翠从年轻时的"好媳妇"经历了50多年、几代人的考验，70多岁时终于"熬成"了"好婆婆"。熬成婆婆后，她不是凌驾于其他家庭成员之上"报复式"地颐指气使，而是依然坚守一片爱心和善良的德行不改，成为一个家庭的精神标杆。

闫雪翠生于1945年12月，20世纪60年代初，嫁到北郭公社堰河村堰中生产队（今凤鸣镇堰河村堰中组），当时她18岁。丈夫在外工作，她见到婆婆的时候，婆婆就双目失明，而且在她结婚后一年多，刚有了孩子的时候去世。她生育了两男一女，都是在公公的帮助下拉扯长大的。公公许多年在生产队当饲养员，那时劳动紧张，她把孩子交给饲养室的公公就上工去了。艰苦的岁月，闫雪翠凭着勤劳、韧性和贤淑的品性，维持着家计。可是后来，公公突患白内障双目失明，常年卧病在床，本来没有帮手的她，生活愈加艰难了。公公开始接受不了失明的痛苦，常常毫无缘由地大发脾气，甚至做出要死不活的举动。作为儿媳，她忍受所有的压力和委屈，对公公好言相劝，悉心照顾。她想，在过去的艰苦年代，公公是那般刻苦勤劳，除过参加生产队劳动以外，还在家养猪、养羊，使全家每年的劳动分红从不倒灌，而且把屋里屋外收拾得整洁有序，全家人穿的衣服朴素干净。这些对刚到李家的她，起到了重要的引领作用，同时，公公对她也是爱护有加，万般帮助，替她管护几个孩子。现在公公病了，她就要想方设法护理好公公，让他安度后半生。受周礼文化熏陶，堰河村民自古就有孝敬老人的优良传统，不守规矩或者虐待老人会遭到村人的耻笑和指责。敬老爱幼在闫雪翠身上，已成为一种自觉行动，尽管田间劳动异常繁忙，几个孩子的管理十分烦琐，但她始终坚持给老人一天三顿端吃端喝，一天到晚问寒问暖，她毫无怨言，默默恪守孝道，把公公的房间打扫得干干净净，把衣服洗得干干净净，公公尽管在病床上很少出门，衣服还是穿得整整齐齐，根本没有常年卧床病人的邋遢和脏乱。公公在慢慢习惯了失明以后，也尽量摸揣着做些力所能及的家务，比如儿媳要做饭或其他事情，他就把孩子揽在身边哄着不让找妈妈，这样的生活，闫雪翠竟然坚持了20余年，一直到公公88岁高龄去世。这期间需要付出多少耐心和毅力啊！能够做到这些，就是因为她有一种生长在骨子里并融化在血液中的优秀品德。几十年间，她所有的付出，除过赢得"好媳妇"的称号外，也给全家换来了"五好家庭""卫生先进户""十星级文明户"等荣誉称号。1992年，她再次被评为"好媳妇"，参加了宝鸡市老龄工作先代会，受到市委、市政府的表彰奖励。

闫雪翠送走了公公，陆续给两个儿子娶了媳妇，嫁出了女儿，现在，她成了家庭有相当权威的"婆婆"。但是，她没有因此指手画脚，更没有吆五喝六，相反，她始终摆正自己的位置，与丈夫相敬如宾，尽一个妻子的责任，从没有为什么琐碎家事红过脸。而对待两个儿媳，她倾注了最大的爱心，一碗水端平，和颜悦色，体贴入微，小两口为经济问题发生矛盾，她就耐心给儿媳解释，咱钱多了多花一点，少了少花一点，日子总得往前过，和气才能养家！人心换人心，她的身体力行使儿媳们对她也十分孝敬，从没有与她因家事吵闹生气。她把孙子一个一个管大，对其疼爱有加，如今她又操心管护重孙了。出了家门，她从不议论村子的家长里短，村里有红白喜事，她是帮忙帮到底，邻家的年轻媳妇拿了自己做不了的针线活求她，她尽心尽力给予帮助。几十年过去了，当年的"好媳妇"，如今又被评为"好婆婆"，称号变了，但尊老爱幼勤俭持家的优秀传统没有变。她的言传身教，对家庭树立好家风起到了至关重要的作用，现在他们一家四代，和睦相处，其乐融融。她家的大门上方是堰河村委会、党支部贴上去的"十星级文明户"以及"传承周礼优秀文化，弘扬社会主义核心价值观"之"礼仪之星"红色标志牌，足以证明周礼文化在她心中、在这个家庭所有成员心中的根扎得有多深！

（李三虎）

雒格丽——孝老敬亲绽放的一枝奇葩

岐山是周礼之乡。在这块神奇的大地上，民众深受周礼文化熏陶，自古就有尊老爱幼的优良传统，虐待老人放纵孩子会遭到村邻的耻笑和指责。家家有老人，人人都会老，对父母养育之恩的报答，也是做子女、儿媳、女婿基本的做人原则。雒格丽就是这样一位默默奉献、尊老爱幼、勤劳持家的好儿媳、好妻子、好母亲。

雒格丽生于1968年，夫妻俩都是岐山县饮食服务有限公司职工，曾经，两人都在上班，家有老又有小，收入不高，生活比较困难，后来公司拆迁，夫妻俩同时下岗，生活更是难上加难。虽说丈夫家中有姊妹几人，但都年岁已长，且因工作等原因均在外地，鞭长莫及，照顾老人的重担，自然落在了雒格丽一家人肩上。可是雒格丽的丈夫年龄偏大，身体一直不好，这样一来，实际上照顾老人、孩子和家庭的责任全部搁在雒格丽一个人身上。面对这样的境况，雒格丽毫无怨言，没有推脱，用她那柔弱的双肩挑起了重担。几十年间，雒格丽始终如一、无怨无悔照顾高龄重病的婆婆，用她自己的话讲："孝敬老人，这都是自然的事情，谁也会这么做的。"可见，她有一种生长在骨子里并融化在血液中的优秀品德，尊老爱幼在她身上已经表现为一种自觉行动，她用自己的言行，诠释了"百善孝为先"的千古箴言。她一直奉行孝道，也乐于与孝顺父母的人交往，她始终坚持一条做人原则：一个人，连自己的父母都不爱，又如何去爱他人？她坚守自己做人的信条：做父母的说话做事要为孩子做出表率。

说话容易，做起来漫长而烦琐。俗话道："久病床前无孝子"，长期艰苦而琐碎的日常事务，考验着多少床前孝子，能够做到有始有终，必然源于天长日久修养的"爱心"。雒格丽赡养的是位百岁老人，多少年了，她细心照顾老人的吃穿用度，从未有过闪失，早上，她5点钟起床，先送婆婆上厕所，这是她每一天的开始，也是每一天中最艰难、最劳人的事情。婆婆患有严重脑萎缩，行动不便，经常"胡闹"不配合，雒格丽咬着牙搀扶老人上完厕所，安顿好老人后赶紧做早饭，然后又一口一口给婆婆喂食，像对待孩子一样，精心护理。中午没有休息时间，每天得提前准备，为老人和孩子合理安排饮食。老人牙齿不好，孩子却喜欢硬口食物，每天的饮食，都要经过反复斟酌，甚至一顿两餐。老人吃饭有忌讳，她从无怨言，晚上吃完饭，她时常坐在老人床边，一直到深夜老人安然入睡，她才能拖着疲惫的身子回屋休息。她默默恪守孝道，把婆婆的房间打扫得干净整洁，给婆婆把衣服穿得整整齐齐，根本看不出常年卧床老人的邋遢和脏乱。九寨沟地震的那天晚上，在楼房晃动的瞬间，他们夫妻第一反应是合力将97岁高龄的母亲从四楼背到楼下，直到深夜消息平息后，又把老人背回家中。鉴于老人行动愈加不便，他们专门为老人在附近一楼租赁了一套房，这样，雒格丽可以时常推着老人到户外消遣散心，让老人更多地享受晚年的幸福，她孝敬老人的行为在亲戚、朋友、同事、邻居中传为佳话。

雒格丽丈夫的文化程度低，脾气暴躁，以前上班时经常与工友发生矛盾，甚至打架斗殴。每次她得到消息后，第一时间就赶到事发地，及时劝解，先代丈夫给对方赔礼道歉，然后补偿对方医药、损失等费用。回家后，她忍着内心的愤懑和伤感，耐心做丈夫的引导劝解工作，经过不懈努力，慢慢地，丈夫的思想变了，性格也变了，与人相处有了包容之心，工作也积极主动了，在宝鸡烟厂打工期间，还被单位评为先进个人。人说江山易改本性难移，雒格丽的耐心教育和真情感化，却最终塑造了丈夫的良好品质。

教育孩子，如今不仅成为全社会一个热点问题，而且成为每个家长义不容辞的责任。为了能够使儿子健康成长，她率先垂范，孝敬母亲，尊重丈夫，为儿子做出了表率。她时时勉励孩子刻苦学习，常常陪读到深夜。成绩不理想时，她给以安慰，培养孩子自信心和克服困难的决心。在她言传身教的感染下，儿子深受母亲启迪，也知道心疼父母，在学校表现突出，学习优秀，成为学校树立的典型。雒格丽敬老爱幼鞭策丈夫，最终营造起了一个温馨和谐、积极向上的家庭，这个家庭连续多年被单位评为"五好家庭"。

雒格丽用自己的真心真情造就了一个真诚待人、和睦相处、互敬互爱的幸福之家。那是她深受周礼文化熏陶，自觉践行社会主义核心价值观，付出几十年心血浇灌的美丽奇葩！

（李三虎）

任亚兰——孝亲敬老美名传

我见到任亚兰时正是夏末秋初，刘家原村那棵被世代传颂的甘棠树长得枝叶繁茂，郁郁葱葱，仿佛在微微熏风中讲述着"甘棠遗爱"的佳话。几千年来，这方土地成为人们传扬召公亲民爱民精神的圣地，民风淳朴，民德高尚。任亚兰就是生长在甘棠树下一位孝老爱亲的"好媳妇"。

见到任亚兰时我心中不由一颤，她中等身材，因消瘦而显得修长，端端正正的脸庞有些蜡黄，甚至有点神情憔悴。她风尘仆仆地走进房间，急急地坐下来，与我交谈到动情处，眼里似有泪光闪烁，但马上又微笑着忍住了。我无意间注意到她放在腿面上的一双手，那是一双粗大结实、与她瘦弱的身躯不相称的手，正是这样一个善良而坚韧的女人，依靠这一双手，将生活的重担扛了起来，撑起了一个不幸的家庭！

1985年，任亚兰经人介绍与刘家原村六组炊军利结婚，先后生育两女一男三个孩子，加上公公婆婆，三个小妹，这是一个十口之家的大家庭。她生长在西岐大地，又嫁在刘家原，这片土地养育了她，淳朴的民风家风熏陶了她。虽然识字不多，但她通情达理，善解人意，沉静温和。她孝敬父母，关爱子女，夫妻和睦，兄弟姊妹团结友爱。虽然在她嫁到这个家庭最初的那些年月，公公患脑溢血留下后遗症，婆婆患软骨病，但那时有三个小姑和两个女儿大家的共同照料，她还是更多地感受着大家庭生活的温馨与幸福。可是后来，公公婆婆病情日渐严重，小姑和女儿们相继出嫁，丈夫又因病下岗，儿子工作没有着落，家庭全部的重担落在她一个弱女子身上。面对所有不幸，她不怨天不怨地，勇敢地担当起命运给予她的一切。我问她最大的心愿是什么？她有点害羞，腼腆地说："我也想到外面的世界去看看，但我不能呀，我只能把两个老人照管得好好的，等他们下世了再说。"这是多么朴实的话语啊，这在常人那里说走就走的愿望，她却要作为一个夙愿暂时压抑和掩藏起来。因为不幸在这个家庭接二连三地发生，家里的双亲，包括她的丈夫每时每刻都离不开她。

谈到她的婆婆，任亚兰眼睛湿润了，言语中满含了怜爱与不忍。婆婆今年已经77岁，也是一个很不幸的女人。受生父遗传，婆婆患先天性软骨病，年轻时腰就伸不直，但还能做一些力所能及的活路。2013年起病情加重，基本靠四肢爬行，彻底丧失了劳动能力，生活难以自理，成为二级肢体残疾人。但婆婆神智健全，头脑清楚，内心的痛苦可想而知。任亚兰理解老人，同情老人，从未嫌弃过老人。每天早上起来第一件事就是给老人接屎倒尿，擦洗身子，洗脸梳头。婆婆要到外面去，她将婆婆抱出去坐好，让老人在院子外面散散心，冬天，她每天把婆婆抱出抱进，让她开眼界晒太阳。

婆婆内脏器官健全，吃饭不太受影响，但患过脑溢血、留有后遗症的公公就不那么利索了。任亚兰要一点一点地给他喂饭吃，一日三餐，天天如此，没有足够的爱心与耐心是很难坚持到底的。公公的这种病经常复发，常年服药，随着年岁增长病情越来越严重，由于行动不便，大小便失禁是经常发生的事。2016年秋天的一天，刚吃过早饭，任亚兰正在厨房洗碗，突然听到公公不停地叫自己，她跑出厨房，发现公公在去后院的巷道里，右手拄着拐杖，左肩靠着墙，大便已经顺着裤管流到了地上。公公不好意思地说："准备去茅房，没来得及。"任亚兰二话没说，扶着公公进屋，脱去裤子，打来热水为公公擦洗下身，这一幕刚好被前来借农具的村民看见，任亚兰细心照顾老人的事迹传扬出去，全村的人打心眼里敬佩她。两位老人都行动不便，跌倒磕碰是难免的，在她扶不起的时候，街坊邻里跑过来帮助她的情况是经常发生的。

长期患病和行动不便，使二老脾气变得越来越大，儿女们平时对二老说话声音大一点他们也会加心，三个出嫁的女儿回来看望父母，为一些琐事责备母亲一两句，也会惹得母亲生气："你嫂子都不训我，你们凭啥？"的确，任亚兰性情温和，知大理，识大体，她知道二老的脾气不好是长期受病痛折磨所致，一点一滴从不与老人计较。虽然家里病人多，烦事多，但这一家子从不怄气，和睦相处，在村里邻里传为佳话。

二老常年拖着个病身子，吃药打针经常花钱，家里开销很大，经济困难。任亚兰每天为公公婆婆做饭、烧炕，干完烦琐的家务，还要耕种六亩责任田。丈夫炊军利于1994年下岗回家，只能靠在外打工挣钱养家。谁知天有不测风云，炊军利由于受母亲遗传，经医院检查也患有软骨病，不能从事体力劳动，这样，一家老老小小的吃穿用度，里里外外操持，都落在了任亚兰肩上。复杂而沉重的日子，谁也有吃不消的时候，多年的辛劳，任亚兰患上了严重的颈椎病，即使这样，她也不叫苦不叫累，埋头苦干，任劳任怨，默默地承受着一切，好像过着一个平常日子。我问她："常年这样面对一屋子的病人，你难道就不心烦吗？"她微笑着说："唉！日子过久了，我也习惯了，只要老人病情稳定，丈夫孩子都好好的，我多做些活又有什么呀！"任亚兰不善言谈，但说起话来乐观淡定，经历了这么多的不幸，她很少诉说自己的苦楚，只是反复念叨家里的老人和孩子。她现在最大的苦恼和担心就是自己的孩子，特别是家里唯一的男孩正在城里打工，自谋发展，但愿孩子健健康康，通过自己的努力，闯出一个美好的明天！

我怀着沉重的心情离开了村子，回头看她站在村口那消瘦的身躯，有些心酸又倍感欣慰。任亚兰，一个普普通通的劳动妇女，默默践行着中华民族尊老爱老的传统美德，用她的实际行动传承着周礼文化，将"爱"与"孝"的传统美德付之于家庭日常生活。她的命运是不幸的，但又是幸运的，她毕竟生活在"甘棠遗爱"精神滋养的土地上，在培育和践行社会主义核心价值观的今天，在社会各方及爱心人士的共同关照下，随着医学技术的发展，相信她一定会走出困境，有一个美好的未来。

愿"甘棠遗爱"的故事永远流传！

（王玉琴）

凤社娟——旗演村里一只凤

她噔噔噔地走进房间，似乎刚从田间地头跑来，又或者刚放下手中的活路，急急地问村组长啥事？组长笑哈哈地说："这位是王记者，专门采写你的，既然出来了，就别急，坐下慢慢说。"站在我面前的这个女人个子高挑，穿戴朴素整齐，模样端庄大气，一看就是个利索能干的巧媳妇。

其实，关于她的事迹，组长给我介绍过不少。她叫凤社娟，1972年生于枣林镇凤刘村，22岁那年嫁给雍川镇袁家村旗演组的杨红孝，她多年来精心侍奉年迈多病的公婆，2005年被村委会评为"好媳妇"，2006年被县文明办评为"尊老爱幼"先进个人，同时还被推荐为"诚实守信"先进个人。

凤社娟谈起话来落落大方，话匣子一打开，她从娘家谈到了婆家，从初为人妇谈到现在的生活。凤刘村和袁家村虽说属于岐山县的两个镇，其实离得并不远，当初寻婆家时，父母也是考虑到离得近一些，可以互相照应。哪知，社娟婚后先后生养拉扯了两个孩子，带孩子，做家务，打工挣钱，翻修房屋，照顾老人，每天都是忙忙碌碌，一年四季难得有闲暇，自然很少有机会回娘家。现在，本家、娘家四个老人都已年迈，身体也都不好，作为媳妇，她只能多照顾公婆，自己的爹娘只能撒给哥嫂照顾，说到这些，凤社娟满脸的惭愧和无奈，她说，相对于父母，公婆更需要她的照顾。为了这个家，她付出了很多很多。

事情还得从12年前说起。当时，凤社娟和丈夫外出打工，家里只有老人和小孩。一天，60多岁的公公在地里干活时突发脑溢血晕倒，她和丈夫闻讯急忙赶了回来，在医院侍候了一个多月，硬是把公公从死亡线上拽了回来，但公公从此落下半身不遂，生活完全不能自理，这时候，村子里有个别人就不停地给她吹耳边风，说这种病一旦得上就麻缠，基本就是废人一个，活不能干，还要常年靠人照管，你婆婆也有病，孩子还在上学，需要你们精心抚育，你家红孝兄妹三人，还是赶紧分家过算了，免得被病人拖累，日子恓惶。社娟当然心里矛盾呀！但她想了又想，老人虽说有三个子女，但老二、老三都在外地工作，把老人推给他们显然不合适；再者，丈夫红孝是家里老大，理应带头赡养父母，给弟妹做出表率，回想她进杨家门以来，老人夜以继日地帮助自己种地、做家务、带孩子的情景，社娟满肚子的愧疚，怎么能分家单过呢？这是万万不能的。小时候，社娟的父母就经常教育她，做人不能太自私，要有爱心，老人身体好，能操持家务、带孩子，就是自己的老人，现在病了、不能动了，需要人照顾了，就不是自己的老人了吗？这显然不是她希望的，她要一辈子照料好老人的生活起居，她要一大家子人继续其乐融融地生活在一起。

常言道，"久病床前无孝子"。然而，凤社娟以她十多年来对老人的精心护理，改变了人们的固有意识。自从公公卧床不起，几千个日日夜夜，她一丝不苟地侍奉患病的公公，洗涤被褥，擦洗身体，送药喂饭，从不厌弃。这个家庭，两位老人身体多病，吃药打针需要钱，孩子上学需要钱，一大家子的吃穿用度更是需要钱，这对于一个本来就不富裕的农村家庭来说显然不行，凤社娟思来想去，她决定一边照顾老人，一边在村办企业宝鸡瑞特包装有限公司上班，一来方便照料老人起居，二来打工挣钱还可补贴家用。为此，她每天天未亮就起床，做好饭菜送到公婆手上，再准备好中午的食材，然后赶紧出门上班。中午一下班，她就急急回家给老人做饭。晚上回来，收拾家务，照顾老人安睡，经常直到深夜她才能休息。公公刚患病那几年，婆婆还能给她搭把手，随着年龄增长，婆婆的身体一天不如一天，家里的大事小事全落在她身上了。凤社娟每天起早贪黑，披星戴月，任劳任怨。公公是脑溢血后遗症，吃饭掉饭，大小便失禁，很难侍候，细心的她就放一个便桶在墙角，上面再放上便凳，以方便公公解手。平时，她不定期给公公擦身子洗澡，换洗衣服，把老人的吃喝拉撒安排得妥妥当当，村里人都竖起大拇指夸赞她能干、孝顺，是袁家村百里挑一的好媳妇。

在凤社娟的言传身教下，她的两个孩子十分乖巧懂事。现在，女儿已在外打工挣钱，每次回家，总会给爷爷奶奶买衣服、买药、买吃的，给爷爷端茶递水，接屎倒尿，样样做得得心应手，这在同龄的孩子身上是非常少见的。

人常说，病由心起。不会调整心态，精神郁闷，就会加重病情。人一旦患上脑梗病，就会不断复发，越来越严重，人的精神状态也就会越来越差，凤社娟深知这一点，每天除了照顾老人的日常起居，她还给老人讲故事，说笑话，拉家常，多方开导老人。老人稍有不舒服，她就赶紧送医院住院治疗，每年，她都要将老人送到县医院进行复查、治疗和综合调理，她的孩子还专门给爷爷买了手机、唱戏机，并教会老人如何使用，帮助老人排遣寂寞，愉悦精神，缓解病情。在凤社娟一家的精心呵护下，公公的病情没有继续发展，得到了有效控制和恢复，现在，公公已经基本能够自理了。

凤社娟尊老爱老的行为成全了他们一家的幸福，也成就了她美好的品德与修养，她的行为深深感染熏陶着孩子及周围的村民，她的事迹也在周边村子广为流传，大家在传颂中受教育，在传颂中自省学习，有力地倡导了尊老爱老，敬老养老的传统美德。如今，旗演村的人一提到凤社娟就说，她是凤刘村飞来的一只凤。

（王玉琴）

赵明侠——"仁义村"里好媳妇

家住小强村坳上组的赵明侠今年已经67岁。俗话说六十年一个花甲，赵明侠已经成了一个老人，按理说应该到了享儿孙们福的年纪了，可她却说只要婆婆还健在，她永远就是一个小媳妇。赵明侠的婆婆李雪彦已经98岁高龄，几十年来，婆媳相处得如同母女一般，得到小强村人的交口称赞。

几十年前，赵明侠是从益店宋村嫁到小强村的。益店自古就是官方传递公文的驿站，人文荟萃。小强村地处古周原中心，周风周韵，千年绵延，自古崇礼好仁重义，一度被人们称为"仁义"村，赵明侠还在做姑娘的时候，就耳闻目染，等到谈婚论嫁的年龄，听说介绍的对象在小强村，赵明侠没有见面先就有了好感。

赵明侠结婚的时候，母亲告诉过她，一个女人除过女红、锅灶，最重要的就是勤快，要少说话多做事，将心比心，再难缠的婆婆也喜欢勤快的媳妇。过了门，赵明侠把母亲的话记在心里。小强村的婆家世世代代都务农，庄稼人天不亮就要起身下地，赵明侠也天不亮就起身，做好一家人的饭食，侍候一家吃过饭后，刷刷洗洗，忙完了家里，再接着到地里帮忙。地里的活，一年四季，多一个人，也多一个帮手，看着勤快的媳妇，婆婆喜在心里。而赵明侠和婆婆相处的时间一长，也慢慢地摸清了婆婆的脾性。在赵明侠看来，婆婆也是一个受苦的人，婆婆有一双旧社会遗留下来的小脚，所以几乎不大出远门，但婆婆也是一个勤苦的人，一天在家里几乎闲不下来，赵明侠完全把婆婆当成了自己的榜样。

赵明侠记忆最深的是婆婆中年丧子。赵明侠的丈夫一共兄弟三人，兄弟中有一人后来因触电而死，婆婆几乎哭瞎了眼睛。婆婆哭的时候，赵明侠也一块陪着婆婆难过、抹眼泪，婆婆不能对别人说的话，反而能和赵明侠说，这一哭一说，婆媳俩的心就又近了一层，婆婆把赵明侠当成了女儿，赵明侠也把婆婆等同于母亲一样看待。等赵明侠自己有了孩子，也更能理解婆婆，有时候回到娘家，赵明侠也常常待不住，操心着家里，记挂着婆婆。特别是随着时间的推移，婆婆的年龄越来越大，眼睛越来越不好，看不见东西，再加上婆婆的一双小脚，待在屋子里几乎走不出来，赵明侠看在眼里，急在心里，她跟丈夫商量着在医院给婆婆做了手术，但终因婆婆上了年纪，手术收效甚微。从医院回来，赵明侠晚上就搬过来跟婆婆睡在了一起。人老了，晚上的瞌睡少了，婆婆不睡觉，赵明侠就跟婆婆讲一些村子里的事情，有时一说就到了深夜，只有等婆婆睡下了，赵明侠才能安心，常常是睡着一会，天就又亮了。

白天天气晴好的时候，赵明侠就在院里放一个凳子，把婆婆从屋子里扶出来；婆婆牙齿不好，赵明侠就在外面定了牛奶；婆婆看不见，她亲自给婆婆把牛奶喂到嘴里。一天三顿饭，赵明侠也换着花样，婆婆爱吃面，赵明侠嫌买的挂面硬、煮不烂，就自己和面，自己擀面，给婆婆做自己拿手的臊子面。婆婆爱吃肉，赵明侠就常常把割来的肉炖得酥烂再喂给婆婆。人老了，最害怕的就是邋遢、脏乱，婆婆大小便在屋子里，赵明侠把屋子收拾得干干净净，每天早上忙完家务，就给婆婆梳好头，换洗衣裳，到了晚上再烧一锅热水，给婆婆擦身子、洗澡、洗脚、剪指甲，一到冬天，老人畏寒，赵明侠就一整天把炕烧得热乎乎的。

婆婆得到了赵明侠精心的照顾，虽然眼睛看不见，但婆婆精神是好的。有时候，家里来了串门的媳妇和老姐妹，婆婆还要说一说自己的好媳妇，赵明侠在旁边听着，只觉得婆婆把自己说得太好了。

婆婆2017年正月去世，活到了98岁高龄。婆婆去世了，赵明侠还经常想念，想一阵，心里难过一阵。在说到婆婆的时候，还时常忍不住流出眼泪来。在小强村，赵明侠孝敬老人的善举得到了广大村民的赞扬，2015年，赵明侠被评为小强村"好媳妇"。

（梁亚军）

王巧会——病床前的"好女儿"

在传说凤凰栖息的青化镇凤家庄，有一位深受众人赞美的好媳妇——王巧会。

王巧会小时候家境困难，是吃苦长大的。俗话说，穷人的孩子早当家。苦难的生活，不仅养成了王巧会勤劳、坚韧的性格，也让她深切地感受到父母亲的养育之恩。长大结婚以后，她又进了一个人口多、拖累重的大家庭，不仅上有二老，还有两个未成年的弟弟，尤其是她的公婆，不仅体弱多病，还有精神和心理方面的问题，脾气一直不好。

面对这样的家庭环境，王巧会起初怎么也适应不了，苦闷、委屈、压抑的情绪一直萦绕在她的心头，但是，她善良、朴实，通情达理，很快就说服了自己，打起精神，挑起了生活的重担。地里的活儿她扑下身子干，再苦再累也不怕；家务活儿她尽量揽在自己身上，任劳任怨，好在她的丈夫一直和她恩恩爱爱，齐心协力，她的公公也是个顶天立地的男子汉，家里的什么事都有主心骨，安排得井井有条。在这种情况下，王巧会再吃力也心甘情愿，为这个家庭默默地劳作不息。

她和家人栽植了2亩苹果树，一年四季辛苦经营。秋天，果实累累，果香满园，是她最高兴的时候。年复一年，她家靠培育果园发家致富，过上了好日子，她也成了勤劳致富的带头人。她还带动本组其他村民扩种苹果30多亩，用自己在实践中获得的经验，向大家传授苹果作务技术，走共同富裕的路子。

为了这个家庭，她和家人一起，扶助两个弟弟。弟弟们要成家，她跑前跑后忙活；弟弟们在外工作回到家里，她变着法子做可口的饭菜；弟弟们要在老家盖房，她和家人忙里忙外操劳。她说让家里过上好日子，安排好弟弟们的各种事儿，老人们就高兴，能让老人高兴，也算孝敬老人。

尤其难能可贵的是，她在管待常年多病的婆婆方面，坚持近20年如一日，精心照料，有口皆碑。

从1999年开始，婆婆生活自理有了困难。每顿饭，她都要端到床前，有时还要喂吃喂喝。每次看病后，她把熬好的药晾温后再端给老人喝，有时还要根据医嘱敷药按摩。老人衣服脏了，她就及时换洗，决不让婆婆穿有气味的衣服。在婆婆生命的后期，她不离左右，日夜服侍，接屎接尿，从不嫌弃，直到婆婆2016年86岁时去世。其中2014年冬季的一天，婆婆因一时不慎服药过量发生休克，昏厥了过去，情急之下，她赶紧叫来出租车，把婆婆火速送到县医院抢救，经挂针、洗胃，两个多小时后，婆婆才苏醒过来，她这才松了一口气。

如今，她的婆婆走了，她90岁的公公还在，还需要她照顾，她义无反顾，恪守孝道，默然无声地做着该做的一切。

俗话说，"久病床前无孝子。"这话，似乎成了铁定的事实，然而，在人人称道的好媳妇王巧会这儿，这句话却被改写了，变成了"久病床前有孝子"。

（郑鼎文）

付文科——恪守孝道的坚强农民

青化镇焦六村，有一位多灾多难压不垮的大孝子，好名声在周边乡村广为传颂，他就是付文科。

　　年过五旬的付文科兄弟姐妹三人，他作为老大，深知父母养育儿女艰辛，因而一直对父母怀有感恩之心。在关心父母衣食住行等方面，他在兄弟姐妹中总是起带头作用，尽心尽力多管一些，从不因谁少管一点而闹意见，忍让之心难能可贵。他常说："百善孝为先，孝顺父母是中华民族的传统美德，一定要继承发扬，也给下一代做个榜样。"

　　天有不测风云，人有旦夕祸福。2014年以来，他家接连遭遇灾难。先是年迈的父亲身患多种疾病，痛苦不堪，经检查诊断，确诊为十二指肠恶性肿瘤，必须马上动手术。得知检查结果，犹如晴天霹雳，一下子打闷了这一家人，付文科和家人火速把老人送往医院治疗，父亲的手术做得很成功，然而遗憾的是手术后的父亲生活不能自理，必须有人陪同照顾，他二话不说，主动承担起了管护父亲的责任。

　　福无双至，祸不单行。正在期待父亲病情好转期间，2015年，70岁的母亲一天突感身体不适，经医院检查，确诊为胃癌，急需住院做手术，付文科闻讯，犹如万箭穿心，难受得不得了，无奈之下，他只好勉强镇定下来，赶紧给母亲治疗，好在手术成功，他才略觉宽慰。但母亲三分之二的胃被切除了，病体沉重，生活不能自理，需要守在身边侍候，通情达理的付文科带头担负起照顾两位老人的重任，在他的影响下，其他家人也配合着照管老人。

　　他一有空，就去工地找活干，为的是挣些钱，保证家庭必需的经济开支。谁知又一次大祸从天而降，他在忙碌之中，不慎被高压线击伤，也住进了医院，他强忍悲痛，在自己治病的同时，还牵挂着饱受病痛折磨的父母亲。经过一月多治疗，在病情稍有好转的情况下，他提前回到家中，又和家人一起照顾起了父母亲。

　　慢慢地，他的身体恢复到可以出外打工挣点钱补贴家用了，便说服妻子多操心照顾父母，自己选择在村子周边找活干，就这样，每天清早6点钟他便早早起床，和妻子一起打扫卫生、做早饭，照顾父母吃喝，然后匆匆赶到工地上班。中午和晚上回家后，第一件事就是询问父母的身体情况，若有问题就找医生开药。

日复一日，年复一年，天天如此。慢慢地，父母亲的病情稳定了，家里的生活也维持得不错。大家都说付文科是个孝亲敬老的大孝子，村上还把他树立为践行孝道的典范，号召大家向他学习。

当年周文王在岐下周原主政时，非常孝敬父母，每天三次问安，后来武王和周公也是这样，对父亲文王和母亲太姒孝顺有加。如今，周原故地又出了个敬老孝老的付文科，在他的影响下子女也很懂事，知道孝顺老人。中华民族的孝道文化，就这样一代代在周原大地传承了下来。

（郑鼎文）

韩雪玲——孝亲敬老撼人心

结婚对于每个年轻人来说，是新生活的开始，而对于新婚的韩雪玲来说，却是沉重负担的开始。

故事还得从韩雪玲出嫁说起。

早在2013年，家住千阳县城关镇刚刚初中毕业的韩雪玲来到宝鸡打工，与岐山故郡镇普庵村小伙王锋辉相识，两颗年轻的心逐渐靠近了，一来二往，王锋辉就和韩雪玲恋爱了。

就在两家大人商量筹备孩子结婚大事的时候，不幸偏偏就降临了。

2015年正月的一天，锋辉的妈妈要去县城采买购物，坐着女儿的电瓶车，在路上与人相撞，锋辉的妈妈因意外颅脑损伤住院将近100天，最终落下了半身不遂，瘫痪在床。

韩雪玲的家人得知这个情况后，硬是阻拦她不要同锋辉结婚了，特别是妈妈难以接受她远嫁岐山。家里就三个闺女，雪玲是老二，老大早就远嫁到山东去了，一年半载回不了一趟家，老三还在上大学。如果嫁给王锋辉，先不说娘家的妈妈怎么照顾，公婆家里的负担怎么能承受得起？

但小韩此时想到的是锋辉，锋辉压力比她还大。结了婚，两个人毕竟齐心协力，分担家里的困难总比一个人承受好得多。在小韩的苦苦哀求下，妈妈最终答应了女儿。

2015年4月，在双方亲友的帮助下，他们举办了婚礼，当时锋辉的妈妈还在住院，爸爸瘫痪在床。

新婚宴尔，小两口顾不得结婚的甜蜜和幸福，开始了孝敬父母的艰难日子，锋辉辞掉了自己的工作，和小韩一起在家管二老。

在锦绣园八号楼的新房里，客厅摆了两张床，一边是公公，一边是婆婆。两个老人每次吃饭时，小韩是这边喂了那边喂，把两位老人的饭喂下肚，安顿好二老后自己才吃饭。

对自己的选择，小韩没有退缩，她从来没有说过什么怨言。即使在最困难的时候，小韩依然认为自己的选择是正确的，要一直坚持走下去。

2015年10月15日，公公离开了人世。公公生前最大的愿望是要看到孙子的出世。10月23日，小韩生了一个男孩，真是悲喜交加，喜的是新添的儿子给多难的家庭多少带来了一些喜气和生气，悲的是公公抱憾离开了人世，没有能见到孙子一面。

小两口开始了一边哺育幼儿，一边孝养老人的艰苦日子。她帮助婆婆剪头发、洗头，常常要挪开婆婆的身子，给婆婆收拾卫生，从来没有一声怨言。锋辉说，母亲久病在床，如果再患褥疮，就更麻烦了。他翻动母亲的身子，给她擦洗，防止皮肤溃烂，是每天必做的护理。韩雪玲经常是忙了孩子的事，又忙婆婆的事，光每天的换洗就够了，何况还要每日做饭、给婆婆喂药。

婆婆瘫痪在床，还患有轻度的癫痫症。有时候婆婆自己啃自己的手，左半身神经麻木不能活动，经常用右手抓烂自己的左手，尤其难言的是大小便失禁，每天要换四五个纸尿裤，大便是两三天要排解一次，经常要用手去辅助通便。

小两口为了给瘫痪在床的母亲调剂好营养，把蔬菜水果打成营养汁。小韩更是在喂好孩子的同时，悉心照料婆婆，一日三餐总是先喂婆婆，安顿好婆婆的日常护理，母子才开始吃饭。由于受婆婆病情的影响，孩子经常生病，孩子一生病，就发烧，一次高烧特别重的时候，医生要求住院治疗，但是，小韩考虑到婆婆没人照顾，就放弃了住院治疗，在家一边陪护孩子挂针，一边侍候婆婆。

韩雪玲就这样长年累月地恪守孝道，尽心竭力侍奉瘫痪在床的公婆，从不抱怨，用实际行动诠释着尊老孝老的人间大爱。

（巨有峰）

邰会芳——为了平安幸福的日子

郑家桥村向阳组的村风村情，如果不是亲眼来这里走一走，看一看，谁也不会相信这个相对偏僻的小乡村会有许多感人的故事。

邰会芳的事迹，就是向阳村诸多故事中的一个。

从小出生在凤翔县的邰会芳，嫁到离北山很近的岐山郑家桥村向阳组，本身就有一段传奇的经历。

西府人常说，"凤翔有三宝，东湖柳、西凤酒、姑娘手"。所谓"姑娘手"，并不是说凤翔姑娘的手有多美，而是指心灵手巧。

1999年正月，漂亮能干的会芳经人介绍，嫁给了在岐山电机厂工作的小伙杨小军。新媳妇娶进了门，头一天遭遇的事情让她吃了一惊，原来，婆婆患有精神病，这么重大的事情，竟然在结婚前隐瞒了，这个刚嫁进门的新媳妇真是哑巴吃黄连——有苦说不出！

还算好，新女婿小军人够精明，她嫁的是小军啊！

说起婆婆，会芳一脸无奈。婆婆患的是间歇性精神病，好的时候跟平常人没有啥区别，病发作了就骂人，砸家具，一副无可救药的样子，会芳这个时候总是非常冷静，只是静静地等待病况转轻。

婚后的日子在平凡中一天天过去了。一般来说，作为新进门的媳妇，忍受得了婆婆的一时，很难忍受婆婆的一世。而会芳这个媳妇是通情达理的，在娘家时脾气从小就很直，新婚宴尔，看到婆婆患病，她什么也没有说，什么都放在心底，她时时警告自己，这是婆婆患病，并不是对她这个媳妇有什么隔阂、有什么意见。

2000年，会芳的儿子出生了。看着满脸堆笑的儿子，会芳小两口开心，婆婆也非常开心。别看婆婆有病在身，疼起孙子来，一点也不比别人差，这个时候，会芳脸上才会绽开笑容，她明白一个道理，这个家，需要更多的呵护，需要用细心和耐心不断去建造爱的大厦。

她是这样想的，也是这样做的。丈夫小军上班忙，她自己在家精心侍候婆婆，替丈夫尽孝，还要悉心照料宝贝儿子，既当爹又当妈。儿子渐渐大了，可以上学了，为了增加收入，她在村委会门前开了一间理发店，把她从娘家带来的手艺服务于乡亲及过往群众，家里忙不过来了，理发店就关门，专门管孩子，管婆婆。

经过小两口的艰苦加勤劳，日子一天天好了起来。每天吃啥饭，一定要按婆婆的口味做。换洗的衣服先给婆婆洗，自己和儿子、丈夫的衣服轮到最后洗。会芳时常还给婆婆买这买那，尽量让老人过得开心舒坦，街坊邻居都说会芳是个好媳妇。

杨家嫁出门的三个姑姑，数老大爱回娘家操心。不想婆婆在病发时也"不认六亲"，摔东西骂人。有次婆婆病情发作在骂自己的大女儿时，癫痫不能自控，把腰和胯部摔伤了，会芳二话没说，立即把婆婆送到县医院，再跑前跑后，交费、拍片、化验等等，忙得不可开交，连医院的护士都分不清，这个媳妇究竟是不是媳妇，倒像是亲生的闺女。

2016年冬季的一天，婆婆忽然不对了，只见她一脸凶相，还不住摔打东西，乱砸乱扔。会芳心疼家具被摔坏，更担心婆婆自己摔伤，上前阻拦时，不小心被婆婆顺手扔来的一把钥匙砸在后脑勺，顿时令她一阵眩晕。说到这，会芳习惯性地用手去抚摸自己的受伤处，仿佛还有点疼痛未曾散尽。但事后会芳还是一如既往，并没有因此怨恨婆婆，笔者深深被这位深明大义的媳妇折服了。

2017年，婆婆74岁了。说起婆婆的故事，会芳又是疼爱，又是怜惜。她对笔者说，这几年婆婆又似乎得了老年痴呆症，会芳托人去宝鸡、蔡家坡买的药片，婆婆总是嫌包装不妥，要么就是药片大了小了，要么就是怀疑买的药是假药，有时为吃个药就折腾半晌，好不容易侍候婆婆把药吃了，剩下的药瓶早不知道滚到哪个旮旯去了。

婆婆每月要打一次针，有时候为打个针，都不知道用什么办法好。

婆婆病情稳定了还好，若不稳定，就要迅速送到医院。丈夫不在家，会芳就亲自送到岐山医院。一年中有几次还要送婆婆到宝鸡医院治疗，会芳就得在丈夫忙的时候，撇下孩子，联系孩子的姑姑一块去。

年龄渐渐大了，婆婆的牙齿慢慢也掉光了，吃饭咀嚼很是困难，婆婆都不太在意，会芳反复说服婆婆，带领婆婆去牙医那里镶了全牙。笔者去会芳家采访时，看到婆婆笑呵呵的，说起媳妇的孝顺，嘴都合不拢，对媳妇总是夸了又夸。

会芳家的院子干净整洁，院子外是向阳村文化广场，绿化和广场文化相得益彰，几十位村上的模范先进人物在榜上有名有图片，笔者看到"好媳妇"邰会芳一栏里这样写道：

体恤老母老来难，痴呆失能皆不便。

暖席暖衣暖食宿，居之怡而处之安。

亲力亲为难可贵，相夫教子女中贤。

（巨有峰）

张锁梅——婆媳亲同母女俩

张锁梅，一位普普通通的农村妇女，今年52岁了。

据张锁梅的丈夫李军老哥说，他的妻子嫁给他，是上天降赐的福分。30多年以来，妻子为家中勤苦操劳，养育子女，勤俭持家，特别是能够孝顺自己年迈的老母亲，使得自己在外边打拼很是放心。

李军大哥是个爽朗的农村汉子。20世纪80年代初期，农村刚刚实行生产包干责任制，由于家里清贫如洗，自己就出去给运输公司开大货车赚钱养家。

开货车赚钱，不说钱赚得是否容易，却是经常黑明顾不上自己的家，家中里里外外的家务，不管是自留地和承包地里的农活，还是赡养老人、管理孩子的事，都搁在妻子锁梅的肩上。

笔者去张锁梅大嫂家里时，看见锁梅嫂的婆婆一身子的硬朗劲，微笑着，慈眉善目，自在安详写在脸上，丝毫看不出75岁的年龄。

婆婆健康乐观的秘密在哪儿呢？

笔者十分好奇，因为早就听李大哥说，老母亲是患过脑梗的。

2015年冬季，老母亲突然大病发作，一时不能说话。经过岐山县中医院诊断，是脑梗，而且病灶在非常危险的脑干部位。

出院的时候，大夫非常担心，甚至叮嘱李大哥准备好老人的后事。

平时就孝顺侍候婆婆，婆婆得病了更加体贴的张大嫂，视婆婆如母亲，精心照管，不分昼夜。白天劳碌不说，晚上还要睡在婆婆身边，拉着婆婆的手，生怕有什么操心不到，真是一丝不苟，形影不离。

也许是上天有所感动，婆婆终于奇迹般地康复了，在医院做了康复检查以后，连大夫都啧啧称奇，说是十分罕见。

笔者问起婆婆时，只见婆婆笑得合不拢嘴，一个劲地夸赞媳妇，连连说，媳妇比女儿都好，比女儿都好啊！

李大哥回想起家里以前的光景，自己的父亲去世十几年了，老母亲如今这般自在自得地安度晚年，真是多亏了媳妇。一同来慰问的村妇女主任也说，镇上前几年就评选了"好媳妇"，张锁梅是远近有名的。

还真是这样，锁梅大嫂贤惠孝顺，尊敬婆婆，呵护子女，她所给予李大哥的，是一个妻子的温柔和贤惠，是全家呈现出来的满满的福气和吉祥。

李大哥每当说起家里的事，总是对妻子满怀深情，感激之心难以说完。如今他的大儿子李伟成家了，在宝鸡某工程企业工作，现在孩子都两岁多了；小孙子一脸稚气，在奶奶的管护下，既调皮又可爱。

锁梅大嫂如今也成了"祖母级"的人物，可是她丝毫没有放松对婆婆的精心呵护。说起婆婆，她总有讲不完的故事：平时每一天每一顿，她做饭总是随婆婆的口味，专拣婆婆喜欢吃的去做。锁梅大嫂本身就是婆婆，还给自己的婆婆洗衣服，经常把老人的房间、衣服收拾得干干净净。冬日里，她给婆婆烧炕，暖乎乎的热炕暖在房间里，更是暖在婆婆的心里。

2016年4月25日，婆婆不幸得了急性心梗，她东挪西借，凑了3万多元，在医院给婆婆的心脏安装了支架。一段时间，她不离左右，端吃端喝，嘘寒问暖，悉心照料，几乎成了婆婆的专职护理员。

锁梅大嫂这位"好媳妇"，贤淑孝敬，勤俭持家，用爱心和付出撑起了一个温暖和睦、幸福美满的家庭。

（巨有峰）

沈奎荣——"女汉子"一家的甜蜜生活

为了预约采访沈奎荣，笔者提前打通了镇上干部李新娟提供的沈奎荣公公袁忠科的电话。

沈奎荣是一名普通家庭主妇，她的丈夫叫袁晓平，是公公三个子女中唯一的儿子，大学毕业后在温州一家企业做中层管理。

自从沈奎荣嫁给岐山小伙袁晓平后，袁家生活就有了起色。笔者见到沈奎荣时，她住在岐山县凤鸣新区 15 号楼，她刚刚把当天的一箱货——涝川洋槐蜂蜜通过电子商务营运商发往全国各地。

原来，家住故郡镇涝川村的沈奎荣已经不满足于深山大沟那种交通不便的艰苦条件，举家迁到新买的单元房了。

小沈给笔者讲述了她的故事：

2009 年 11 月，沈奎荣离开了生她养她的故乡——河南南阳，远嫁到陕西岐山故郡镇涝川村。初来乍到，除了自己心爱的丈夫之外，她看到涝川这个地方远离县城，地处深山，没有一点好感。

因为对丈夫的爱，渐渐地，她爱上了这个家，爱上了家里所有的人。丈夫袁晓平在家里是独子，上有大姐早已出嫁，下有小妹尚在外地打工。公公婆婆对待新进门的媳妇非常热情，当作自己的女儿看待，小沈也很快融入了袁家这个其乐融融的大家庭。

丈夫在温州工作，小沈在家照顾公公婆婆，无论吃穿还是头疼脑热，都离不开小沈的精心呵护。

日子就这样在平静而祥和当中过去了。小沈和丈夫第一个闺女出生了，全家人都沉浸在喜悦之中。

然而天有不测风云。2013 年 12 月的一天，第二个闺女甜甜出生不到满月，婆婆在午饭后突然感觉身体不适，年纪都过了 60 岁的婆婆下身莫名其妙的有了"意外"，小沈送到医院一检查，原来是得了宫颈癌！得知这一紧急情况，小袁也匆忙告假回家，带妈妈去医院医治，经过岐山医院、西安交大第一附属医院的住院治疗，幸亏及早发现，婆婆的癌症才得以控制。

回到岐山以后，婆婆又陆续在岐山、宝鸡住院将近三个月。

在住院期间，小沈一边带自己的小宝宝，一边为婆婆做一些可口的饭食。经过医院检查，婆婆同时还患有静脉曲张、高血压、肝硬化等症，要保守治疗，不敢做手术。

当笔者问及婆婆现在的状况时，小沈说，现在婆婆的生活基本可以自理，但由于做过放疗，每走一阵就要休息一会。公公年纪也大了，儿子小袁不能经常待在家守护老人，平时就靠小沈来支撑这个家。

小沈真是一个铁打的"女汉子"，难怪大女儿上舞蹈班的其他家长这么调侃她。平时在家做好每顿饭，照料着公公婆婆吃了，再操心俩闺女吃，之后还要接送孩子上学，家里的柴米油盐、吃穿用度，都是"女汉子"亲自打理。

尤其是磨面，她要骑车，把收拾干净的麦子送到两公里之外的磨坊，再把磨好的面粉提到车子上放好，驮运回家。

婆婆平时用的药，早上一般是降压药，晚上还要服用中药调理睡眠。在公公带领小孙子玩耍的时候，小沈才有一点松闲时间赶紧筹备全家的三餐伙食。她每天晚上等老人睡了还要辅导孩子功课，帮助女儿解决学习上的疑惑。周末还要去兴趣班，在舞蹈学校陪伴孩子练习舞蹈基本功。

小沈的公公前几年视力一直不好，经过检查是得了白内障。2017年3月，小沈又陪伴公公去岐山县医院做了眼科手术。她每天把孩子送到学校，又急急忙忙去医院照顾公公。一会儿在家管婆婆，一会儿在医院忙护理，一会儿去学校接学生，一会儿到舞蹈班陪练舞。风风火火，忙忙碌碌，公公住院5天，就这么在她的陪护下过来了。

小沈对笔者说，家里家外忙活，每天总是仓仓促促地去，匆匆忙忙地回，连其他同龄的家长都调侃，说她是个真正的"女汉子"。对这个绰号，她一点也不感到惊诧，在后来的微信聊天中，她对笔者只说了两个字："符合。"

沈奎荣不甘做一个平凡的家庭主妇。2015年12月，小沈在丈夫帮助下，发展了涝川地处深山、富有优质的蜂蜜资源，第一个申请成立了"岐山县涝川蜂产品专业合作社"。

当笔者去小沈家里采访时，她兴致勃勃地给笔者介绍她的蜂蜜网络销售情况。从申报到检测，到化验，到批准成立，虽然费了不少周折，但在沈奎荣看来，这个开始充满着辛劳，但这一切都是值得的。

当然，新鲜的事物刚刚起步，难免有许多未知的坎坷，笔者可以欣喜地为她展望未来的幸福。当问及以后路怎么走时，小沈对今后生活充满了憧憬，她现在的忙碌，正是为了整个家的幸福，为了丈夫和女儿，为了公公和婆婆。正如蜜蜂在辛苦酿蜜之后，收获的是甘甜的蜂蜜。

因为她知道，这一切来源于她对这个家庭每一个成员深深的爱。

（巨有峰）

岳小娟——孝老爱亲好媳妇

在岐山县益店镇张侯村，有一个远近闻名的孝敬患病婆婆、钟爱患难丈夫、呵护儿女健康成长的好媳妇、好妻子、好母亲，她叫岳小娟，是全县孝老爱亲的典范。

不幸与灾难改变了她的人生轨迹。岳小娟虽然文化程度不高，但在父母的教育熏陶下，她自幼就是一个乖巧懂事、善解人意、尊老爱幼、和蔼可亲的好孩子。她原来也有一个温暖幸福的小家庭。然而，不幸的是，肆虐的病魔夺去了前夫的生命，8年前，在万般无奈之下，她带着刚满1岁的儿子和5岁的女儿改嫁到益店镇张侯村，与勤劳、诚实的王文斌重新组建家庭。丈夫在家搞养殖，起早贪黑，辛苦经营。婆婆今年80多岁了，老实淳朴、厚道正直，婆媳关系一直很融洽。尽管家境一般，但夫妻和睦，家庭和谐，一家人其乐融融。

然而，好景不长，失败与打击几乎浇灭了她所有的梦想。2012年，丈夫办了一个养猪场，由于经营不善，亏损了不少钱，不仅花光了家里的所有积蓄，还欠了许多债务。此刻，她真正地尝到了没有文化的苦头。丈夫从此变得消沉起来，很少说话，她看在眼里，急在心里，生怕丈夫想不开，从此一蹶不振，她苦心劝导、耐心疏导，她告诉丈夫："我跟了你，并不是看中了什么东西，而是看中了你这个人，你不服输的性格。"这道出了一个女汉子的坚强与执着。在她的鼓励下，丈夫慢慢地摆脱了阴影，生活渐渐步入正轨，债务很快就还清了，而且日子也一天天的红火起来。

柔肩担道义，孝行感人间。祸不单行，灾难又一次降临到他们头上。2012年5月，婆婆因病高烧三天不退，家里人看遍了附近大小医院都没有起色，最后送到宝鸡市中心医院，高烧是退了，但却落下了后遗症，从此半身不遂，说话口吃，手脚僵硬，吃饭、穿衣、梳头、起身这些最简单的事都不能自理。于是，她每天在猪场和家之间两头跑，给丈夫做完饭，又急着赶回家给婆婆穿衣、洗脸、做饭、喂饭、换洗衣服，晚上陪在婆婆身边照顾，从不嫌累、从不言弃。俗话说，久病床前无孝子，然而老人却是久病床前有孝媳。为了两边不耽误，她经常天不亮就起床，做好饭菜送到婆婆手上，看着婆婆一口一口地吃完，才放心地去猪场干活，晚上要收拾家务到很晚才休息，她起早贪黑，任劳任怨，毫无怨言。婆婆大小便不方便，她便在墙角放一个便桶，每天清洗一次。她定期给婆婆洗澡，换洗衣服。她怕不在家时婆婆寂寞，教育两个孩子经常围在奶奶的床上，给奶奶做伴。看着婆婆表达不准确，生活无法自理，难过又痛苦的样子，岳小娟心疼极了，她不辞辛苦，四处奔波，寻医问药，只要对婆婆的病情有疗效，不管多贵，她都省吃俭用买来给婆婆服用。

岳小娟用自己的实际行动践行着她的为妻、为媳、为母之道，展现了一个农村妇女尊老爱老、勤劳淳朴的博大胸怀，树立了厚德、博爱、善良的光辉形象，为乡亲们所称赞。在她的精心照料下，婆婆生活得很开心。她经常用别人几乎听不懂的话吃力地说："儿媳妇好啊，儿媳妇好啊！"

在她的感染下，她的两个孩子勤奋学习，成绩一直在学校名列前茅，并十分尊重孝敬自己的母亲。尊老爱幼成了这个家庭的好家风，代代相传，枝繁叶茂，根深蒂固。

岳小娟孝顺婆婆，敬重婆婆的举动，深深感动了远乡近邻，为周边村民所传颂，她为创建和美家庭、构建和谐社会做出了表率，是群众学习的榜样。2016年，岳小娟光荣地当选为益店镇人大代表，被评为张侯村先进个人。

而岳小娟却谦虚地说："我是个普通农民，没什么文化，靠的是没日没夜的辛勤劳动过日子。我的愿望就是希望全家人都能平平安安、和和睦睦，婆婆就是我的亲娘，我只是做了一个女儿应该做的。"

（冯雅琳）

韩玉湖——德孝传家树典范

韩玉湖，72岁，岐山县益店镇宋村村韩家组人。他有一个和睦、温馨、幸福的四世同堂家庭，家中四代共12人，是个传统的大家庭。他虽然没有惊天动地的伟大壮举，但却处处体现出了"以德治家，以孝传家"的中华传统美德，是远近闻名的德孝传家的典型，更是全县树立的孝老爱亲的模范。

初次见到韩玉湖，他中等个头，微胖的体形，花白的头发，温和的笑容，言谈中慈祥写在脸上，严谨挂在眉梢，谦逊溢于言表。这可能与他原来是宝鸡钢管厂工人的职业是分不开的。他上有90岁高龄的老母亲，下有两个儿子及孙子，家庭主要经济来源是他的退休金。虽然他兄妹六人，但其余五人都经常不在母亲身边，作为长兄的他自然就承担起了常年照管母亲的责任。

多年来，他和妻子用爱心操持着整个家庭，弘德扬善、尽责孝母、持家有道、团结邻里、家庭和睦的事迹为邻里乡亲所称道，为老人创设了一个舒适、安逸的生活环境，为孩子们营造了一个宽松、和谐的生活氛围。他是乡亲眼中的好邻里，是母亲满意的孝顺儿子，是妻子赞成的好丈夫，是儿子心目中的好父亲，更是孙子、重孙追随的好爷爷。

崇尚家风　以德治家

古语说，"家和万事兴"。对于韩玉湖来说，父辈兄妹六人，自己也兄妹六人，在这庞大的宗族关系中，他对上孝敬父亲、叔父辈，居中他关心兄弟姊妹，对下他关爱、呵护儿孙，因为他深深明白血缘关系、叔侄亲情、手足同胞和谐相处的重要性。从记事起，他耳濡目染了父亲韩德礼的为人处事风格，无形中继承了一直在村担任会计的父亲所具有的精打细算、勤俭持家的好品德，目睹了父亲在逢年过节时自愿为群众写对联的义举。在父亲的潜移默化影响下，他的家庭现在也成了"书香文人""严父慈母""教子有方"的表率。

他重视对孩子世界观、人生观、价值观的教育，注重礼节规矩意识教育，特别是教育孩子们树立独立生活、诚实拼搏的创业意识。在他的教育下，儿子、孙子们懂得了感恩，自觉形成了定期回家看望，而且每次回家总不忘给祖母、父母买滋补品、买衣服鞋帽、买药品的好习惯。如今，祖孙四代形成了互敬、互助、互爱的良好家庭风气，呈现出一派宽厚仁爱、心齐劲足、其乐融融的和谐局面。

言传身教　以孝传家

半个多世纪以来，韩玉湖时刻铭记父亲的教诲：要孝敬老人，不光是对自己的父母孝，更要对自己生活周围的老人孝顺，自觉秉承"百善孝为先"的家训。自从2001年父亲去世后，他每天晚上陪伴在母亲身边，和母亲拉家常，看电视，听秦腔，讲百家碎戏，聊村里的新鲜人和事，侃高铁和淘宝等新事物，替母亲盖被子，帮母亲剪指甲。母亲虽年事已高，但总抢着要做家务，他理解母亲的想法，体谅母亲的苦心，在力所能及的情况下，他尽量创造条件满足母亲的心愿，使母亲体会到自己的存在感，从而在愉悦的氛围中快乐地度过晚年生活。

他每天精心照顾母亲的起居饮食，母亲消化弱，他就领着母亲多在村里散步，以增加胃肠蠕动，增强体质。他天天给母亲换口味，想方设法给母亲做可口的饭菜，母亲爱吃搅团，他就坚持每月做四次搅团，他为母亲梳洗换衣，把母亲打扮得干干净净、齐齐整整。难怪母亲经常唠叨说："我90岁了，天天在过年。"这是多么满足的回答，道出了老人曾经为经营这个家所经历的所有辛酸，也流露出了老人对如今幸福生活无限感激的心声。桃李不言，下自成蹊。在他的言传身教下，他的儿孙们也从小就明白了要孝敬父母的道理，个个孝顺，相互体贴。

和睦邻里　德孝楷模

韩玉湖数年来任劳任怨、无私奉献、孝敬老人的事迹在当地传为佳话。他的孝心散发着火热的光芒，感染了周围的每一个人，让家庭充满了温馨与和睦。他孝敬老人，和睦邻里，不管谁家有个大小事情，他都会主动去帮忙，谁家有了困难无论是经济，还是家庭纠纷，他都主动帮忙化解。街坊邻居提起他无不竖起大拇指称赞，说他是孝敬老人、关爱家庭、团结邻里的好楷模。他的厚德、善良和孝心，为家庭、为全社会撑起了一片爱的天空，他不愧为德孝传家的楷模。

（冯雅琳）

李淑娟——展现巾帼风采

李淑娟，45岁，岐山县益店镇益锋村杜家堡组人，一名普通的家庭妇女，她的丈夫刘满林是宝运集团一名司机，常年在外营生。2017年2月，刘满林的母亲在整整卧床八年后含笑走完了她78岁的人生旅程。现在她仍在家精心侍奉已卧床十年81岁高龄的公公。她是公公婆婆心目中的活菩萨，是丈夫眼中的救世主，是孩子生活中的好妈妈，更是乡亲们称赞的孝亲爱老的模范。

侍奉双亲　恪守孝道

李淑娟的公公曾是宝运司客车司机，1989年因病退养还家，丈夫刘满林应招进入宝运司工作。她的婆婆是早年经受修水利、学大寨磨炼，积劳成疾又患有慢性冠心病的农民。刘满林姊妹三人，两个姐姐早年出嫁。与刘满林结婚20多年来，他们夫妻俩承担起了上奉下养的家庭重任。多年来，她一直将公婆当爹娘，她辛勤劳作庄稼，满足全家人的吃饭所需；她起早贪黑，料理家务，最大限度地减少丈夫的负担；她悉心管好公公婆婆，教育好孩子，尽心尽责为整个家庭着想。然而，不幸的是，1996年，刘满林的父亲突发脑梗塞，夫妻俩全力救助脱险，公公落下了脑萎缩后遗症，后又罹患白内障，他们先后两次带老人去宝鸡、西安实施手术治疗，均因老人体质太差效果不佳。2007年，公公彻底瘫痪卧床，基本失明。为更好照顾生病的老人，李淑娟辞去了印刷厂工作，回家协助婆婆侍候公公。天有不测风云，不幸的是2011年3月，婆婆突发脑出血，虽住院治疗一个多月，而且也多方求医问药无效，还是瘫痪在床了。这对于6口之家来说，无疑是雪上加霜。从此，他们家里一个屋子两张病榻，两个病人，两把轮椅。家庭经济来源全靠刘满林微薄的工资，他加班加点，从没随便耽误过一天工作。李淑娟几乎是日夜操劳，竭尽全力侍奉两个老人。白天，一日三餐端吃端喝，洗脸换衣，洗衣服被褥，推着老人散心晒太阳；晚上，喂水喂药，扶起扶睡，从未懈怠。他们也曾多次分别带父母去宝鸡、西安10多家医院救治，还求亲靠友从网上找单方、买新药长期疗养。公公婆婆虽双双卧床，但同样享受到了子贤媳孝的赡养之福。直到2017年2月，婆婆含笑辞世，孝心可表，乡邻称赞。

夫妻相敬　情浓于血

　　他们住的还是天井院子，两孔窑洞是20世纪80年代建的，一直想建新家，但没有积蓄，夫妻俩自结发起就为家计而奔波。给父母治病这十多年来，他们一直是旧账未还又借新债，李淑娟几乎连一件新衣服都舍不得添置。人都说："久病床前无孝子"，但他们夫妻俩从未因给父母看病、日夜侍奉父母而红过脸。李淑娟主动辞去工作，全身心在家照顾公公婆婆日常起居，一干就是近十年，无怨无悔。为此刘满林常常深感愧疚，暗自流泪，而李淑娟却劝慰满林，说这是咱们为子为媳、为夫为妻、为人父母应尽的责任和义务。李淑娟也说，作为妻子，她只有把家里照看好，照顾好公公婆婆，丈夫刘满林才能安心在外面工作。他们夫妻没有抱怨，没有遗憾，有的只是在单位拼命工作、田地里辛苦劳作、对久卧病榻二老的悉心侍奉和对两个儿子的关爱与教养，有的是相互体贴与鼓励，相敬如宾，相濡以沫。

胸怀他人　大爱无疆

李淑娟的公公在父辈排行老五，他们的三伯三婶、四伯四婶仍健在。虽然他们夫妻工作繁忙、家务沉重，但他们从未间断过对伯伯婶婶、亲戚好友的关心与照顾。除逢年过节探望外，他们更关注老人们的晚年生活与健康。她支持丈夫多次开车护送患病的老人们去岐山、扶风、宝鸡及西安看病。她也定期去亲戚家里看望老人，询问他们的饮食起居，并为他们做些力所能及的家务活，特别在农忙时节，她也会主动帮忙。虽然他们经济拮据、长期负债，但玉树地震、同事有难，他们都会伸出援助之手，捐钱捐物。10多年了，他们先后为本组两户因遭遇事故而陷入不幸与困境、一户家主身患癌症的三个家庭捐献出他们省吃俭用的3500元，情深意长，被乡邻广为传颂。

李淑娟身为一个普通农村妇女，没有什么惊天动地的壮举，但她坚强、勤劳、朴实、贤惠，她用善良和孝心为长辈的晚年生活撑起了一片爱的天空，而且数年如一日，默默无闻，无怨无悔。她用点点滴滴、平平凡凡的事情诠释了孝亲敬老的真谛，用实际行动传承了中华民族孝悌忠信、礼义贤良的优良传统，更为全社会树立了伦理道德与人文素养的里程碑。她凡人善举，尽孝尽责，大爱无涯一直感动和鼓励着周边的乡亲和群众，人们称她为"巾帼之秀"。

（冯雅琳）

李红春——用爱心营造幸福家园

周礼起源于岐山，岐山人因知礼、守礼、尚礼而自豪，人人在各自的工作岗位上默默弘扬和践行着周礼优秀文化精神，争做周礼优秀文化的笃信者、传承者、躬行者。

在水利系统，有这样一位普通基层工作者，她叫李红春。她10多年如一日地坚守在工程规划与设计岗位上，默默奉献、默默践行着周礼文化传统美德。从她身上我们看到了敬业奉献、勤勉做事的职业操守，更看到了孝老爱亲、血脉相依的至美真情。

李红春有一个平凡的家庭，家庭的每一位成员都有一颗平凡的爱心。她们遵循孝老爱亲的周礼优秀传统理念，营造出了一个和谐的家庭氛围，为传承周礼优秀文化和建设幸福岐山做出了应有的贡献。

夫妻之间互敬互爱，共同发展。李红春夫妻是幸福小家庭的主要支柱，给家人创造温馨而舒适的家庭氛围是他俩共同的责任和生活目标。在日常生活中，他们夫妻平等对待，共同磋商家事。在意见不统一时彼此多点宽容，多点谦让，多点谅解，做事多从对方角度考虑，尽量把事情处理得完美、顺心。在工作中，夫妻两人共同努力，相互鼓励。为了支持丈夫的工作，不让丈夫因家务而分心，李红春毫无怨言地承担起了侍奉老人、教育孩子、料理家务等一切事情，把家庭生活安排得井井有条。工作中李红春也不甘落后，她始终爱岗敬业、踏踏实实、兢兢业业，努力使自己成为单位的专业技术骨干力量。夫妻两人在工作中的相互比拼，使他们各自取得了很大的成绩，连续多年来分别获得了多项荣誉证书，在邻里和同事之间留下了很好的口碑。

对待老人"孝"字当头，传承周礼优秀文化。俗话说："百善孝为先"，孝敬父母是中华民族的传统美德，孝亲敬老是营造幸福家庭的基石，是周礼文化的精髓。李红春和丈夫在对待双方老人方面始终坚持"孝"字当头。丈夫对待岳父岳母胜过自己的父母，而作为妻子的她对待公公婆婆更是关爱有加。在岳父突发性脑溢血住院期间，因生活不能自理，丈夫毫无怨言地承担起了清理粪便的任务，一遍一遍擦洗身子、按摩，从没说过一句脏、没喊过一声累，更没有抱怨过一次，他的行为让病友和亲友们称赞不已。李红春和公婆之间一直坦诚相待，结婚十几年来，凡事都和老人商量，尊重老人意见，一切都以老人意愿为准，从未和公婆争吵过一句，更没有红过脸、闹过别扭。为了让老人度过幸福的晚年，夫妻二人常利用节假日、双休日带双方父母外出旅游，无论从精神上还是生活上都给予了无微不至的关心和照顾。

引导孩子尊崇"仁义礼智信"的道德修养。在孩子教育方面，她要求孩子做到尊老爱幼，要善于帮助同学和朋友，要与同学和谐相处，并常常沿用父亲的一句口头禅"吃亏是福"教导孩子凡事不要争名夺利，斤斤计较，要做一个礼、义之人。

一个充满爱、幸福和谐的家庭，就是一块阳光明媚的土地。也正是因为有这样一个个和谐幸福的小家庭，才筑造了我们岐山和谐美丽的大家园，才更有效地促进了向上向善风气的形成，使周礼优秀文化之风吹遍岐山大地。

（李红春）

曾蓉——用十八个春秋阐述孝和爱

曾蓉，女，1985年12月出生，岐山县益店镇永新村康上组一名普通农村妇女。她孝敬公婆、养育子女、勤恳劳作，2004年从四川远嫁到本地，用18个春夏秋冬，阐述了"孝"和"爱"的传统美德。

自从进了丈夫家，曾蓉用孝道努力尽好一名儿媳、妻子、母亲的责任，为村民传递的是孝敬、朴实、顽强的精神，她是远近闻名的好媳妇，也是所有人学习的榜样。

曾蓉自结婚之日起，就一直跟公公婆婆一起生活。次年女儿出生，家庭生活美满。谁知天有不测风云，一通电话打破了家里的宁静，年轻的丈夫因心脏病突发，在成都病逝，这样的噩耗对全家人仿佛晴天霹雳，家人整天以泪洗面。屋漏偏逢连阴雨，几年后婆婆又积劳成疾，突发脑溢血去世，80岁的公公年迈体弱，双目几近失明，生活不能自理，有时还大小便失禁。为了不让公公受委屈，她时常注意为公公勤换洗衣服，在她心中，婆婆就是母亲，公公就是父亲，她如同对待亲生父母一样孝顺、照顾着公婆。也因为她的善良和孝心，她与公婆有了深厚的感情，邻居都说公公有福气，公公却说："都是媳妇照顾得好，让我在世上多活了好几年。"面对接二连三的噩耗，曾蓉没有退缩，坚强地挑起了养家、照顾公婆、孩子的重任，她一直与公婆生活在一起，如同对待亲生父母一样照顾和孝顺公婆，不离不弃。

随着时间的推移，全家人慢慢走出了阴影，为了抚养孩子成人，加上与公婆感情深厚，家庭氛围和谐，曾蓉舍不得离开这个家，全家人再三考虑后为其招进一夫，组成了一个温馨的家庭。次年，儿子的顺利出生，给这个原本沉寂的家又带来了一些惊喜，一家人回到了以前的和谐、乐观、其乐融融的状态。不料，在儿子9岁时，由于蚊虫叮咬，孩子患上了一种怪病，大脑失去意识，全身瘫痪，他们跑遍全国各大医院为孩子救治，还是无济于事。

曾蓉的丈夫常年在外打工，她既要照顾上高中的女儿，又要照顾患病的儿子，如今儿子已经15岁，大脑意识照样缺失，不会表达、肢体瘫痪，她只能凭表情和经验与儿子沟通，喝水、吃饭要喂，大小便要接，还要给儿子坚持按摩，天气晴朗时，她会搀扶公公坐在门口晒晒太阳，带儿子出来锻炼肢体，盼着儿子终有一天能自己走路、生活自理。日复一日，一坚持又是六年，这种坚强不屈的良好品德感染着周围的每一个人。

曾蓉勤俭持家，合理安排家庭收支，勤勤恳恳，独自打理着8亩农田，她知道丈夫一个人在外务工养家不易，因此竭尽所能地照顾好家人，维系好邻里关系，不给丈夫思想上增添负担，自身着装和家庭日常用品以"能用"为原则。她把家里收拾得井井有条，环境简约舒适，邻里乡亲走进她家，会感觉到一股温馨和蔼的气息。她团结邻里，为人真诚，生活中总能为别人着想，大家都感觉她很亲切，左邻右舍有事需要帮忙，她也都会倾力相助。

温馨的家庭是和谐社会的动力源泉，曾蓉渐渐成了永新村乃至镇、县级好母亲、好妻子、好儿媳代表，她用乐观向上、无怨无悔的精神，勤劳质朴、点点滴滴的实际行动，诠释了中华民族的传统孝道精神，为所有人树立了爱的标杆。

"她真是个了不起的女人！"说起曾蓉，村民们就打开了话匣子，纷纷夸赞起这个好妻子、好母亲、好儿媳。"老吾老，以及人之老；幼吾幼，以及人之幼。"短短的一句话，是她善良的内心写照。这个爱笑的女人，背后藏着太多的隐忍、坚毅、勇敢、爱心，这些宝贵的品德，也言传身教给了她的孩子，她成了大家心中的"楷模"。

"我的妈妈是一个坚强的人，我现在已经快上大学了，很快就能挣钱了，将来有一天妈妈老了，我会对她更好，更孝敬她。"说起自己的母亲，女儿张梅满脸的自豪。

2022年，曾蓉被评为岐山县第四届道德模范、第二季度宝鸡好人。

（益店镇政府）

王西娟——工作孝亲两不误

王西娟，女，1983年12月生，岐山县行政审批服务局市场服务股股长。2022年，被评为岐山县第四届道德模范。2023年，被评为第三季度宝鸡好人。

孝老爱亲　事必躬行

王西娟的母亲今年66岁，因4岁时高烧未能得到及时救治，身体落下了残疾。随着时间推移，病情逐渐加重，2009年以后，母亲瘫痪在床。因父亲早逝，作为女儿，王西娟无怨无悔，10余年来悉心照顾母亲。繁忙的工作之余，她给母亲洗脸穿衣、换衣洗澡、喂药喂饭、伺候大小便，为母亲做爱吃的饭菜、买爱吃的水果，抽空陪母亲聊天，从来没有半句怨言。在她的精心照顾下，母亲虽有残疾，但精神状态很好。

王西娟的奶奶今年86岁，患有心脏病、高血压、气管炎等多种疾病，每到季节变换的时候就犯病，口袋里常年备着速效救心丸，身边也离不开人的照顾。王西娟的二叔、三叔常年在外工作，照顾奶奶的重担全部压在了她瘦弱的肩膀上。在她的悉心照料下，奶奶精神矍铄、身板硬朗，有时还能做一些简单家务。

王西娟的儿子今年14岁，他从小耳濡目染，在母亲的影响下，成了一个独立懂事、坚强能干的小男子汉，自己能做的事情坚决不给母亲添麻烦，还经常帮母亲做自己力所能及的事情。他经常给姥姥喂药喂饭，陪母亲干家务，将学校的逸闻趣事讲给母亲听，以此来减轻母亲的负担，让她能有片刻的休息时间。

扎根基层　默默奉献

照顾家人是王西娟的本分，工作则是她义不容辞的职责。王西娟虽然家庭负担重，肩负着养老育小的艰巨任务，但她在单位却很少请假，从未因家事耽误过工作。

参加工作17年来，从岐山县雍川镇政府到县政务服务中心，从县行政审批服务局到惠民新村驻村，王西娟始终坚持全心全意为人民服务的宗旨，爱岗敬业、默默奉献。2021年6月，王西娟听闻县委组织部要抽调人员到惠民新村驻村，她主动请缨，要求参加驻村工作，因为她在基层工作时间久，有丰富的基层工作经验及阅历。多年以来，她无论在哪个岗位，都勤奋好学，兢兢业业，恪尽职守，在每个同事眼里，她都是一位爱岗敬业的好同志。

逆向而行　人间大爱

王西娟不仅把家人照顾得很好，在大灾面前更是事不避难，彰显责任与担当。2022年3月，正值我市新冠疫情形势严峻之际，身为家里的顶梁柱，王西娟上有年老体弱的祖母、瘫痪在床的母亲，下有14岁的儿子需要照顾，但她毅然选择了逆向而行。身为驻村队员的她，主动拿出自己的驻村工作补助，动员家人出钱出力，同时四处筹集物资，为惠民新村居民购买新鲜蔬菜600多斤、土鸡蛋50盘、方便面50箱、纯净水50箱，价值1万余元，分发给惠民新村所有住户。对于老人及身患残疾、行动不便的住户，王西娟和同事们逐户上门发放。当群众向她表示感谢时，她说："作为驻村干部，这些都是我应该做的。"王西娟以身作则、勇挑重担，用自己的实际行动诠释了一名驻村队员的奉献精神和人间大爱。

王西娟在生活中无怨无悔地为家人付出，在工作中兢兢业业地奉献，用行动描绘出自己的孝心与大爱、责任与担当。很多人都被她数十年如一日在家在岗的无悔付出感动着，感慨于她家国两事肩上担、事必躬行孝感天的大义行为。

（岐山县文明办）

王潞垚——闪光孝意少年心

王潞垚，岐山县第二初级中学学生。她是一个孝顺父母、尊老爱幼、乐于助人、关心集体的好少年。从小独立、上进、善于思考的她，学习成绩一直名列前茅，在班上起着模范带头作用，是同学们的好榜样。她经常帮助老师收发作业，是老师工作中的好帮手。她从小就养成了整理家务的好习惯，是一个乖巧懂事、孝顺长辈的好孩子。

2017年5月20日，王潞垚父亲忽然跌倒在地，昏迷不醒，幼小的她不知所措，心里乱成了一团麻，失声痛哭。她急忙和妈妈一起打电话求救，经过邻居、亲戚们的帮助，她父亲被送到医院。看着重度昏迷、不省人事的父亲，她心里说不出来得着急和担忧，泪如泉涌。医院告知她父亲患上了脑血管疾病，需住院。家里盖房时父亲向银行贷款5万元，才刚还清。如今，住院费从哪里来？母女俩一下愁眉紧蹙，母亲只能东拼西凑，向邻里亲戚借钱，又欠了一屁股债。

父亲被推进重症监护室，小小的她承担起照顾父亲的重任。她让母亲照看打着点滴、插着氧气管的父亲，自己飞奔回家取了些衣服和生活用品，又急急忙忙赶往医院。母亲本来就身体不好，现在还要照顾患病的父亲，而且家庭经济来源一下子中断。她一眼不眨地陪着母亲，生怕有闪失。看着母亲憔悴的样子，她心如刀绞，就这样，她们一家人在医院里熬过了一个多月。她每天帮着打饭，有时回家做些简单饭菜送去医院，帮妈妈给爸爸擦脸、清洗身子、倒尿、洗衣服，小小年纪的她没有一丝抱怨。

上学了，她更忙了。她比其他孩子早起一个小时，为父母做好早餐送往医院，又急急忙忙赶回学校，每天在学校、医院、家之间来回奔波。那段时间，她课堂上思想老走神，眼前不停地浮现出父亲生病的画面，但她时常提醒自己刻苦努力，用知识改变自己的命运，改变这个家庭的命运。有时中午放学时间太紧，她就为父母打好饭端到病房。晚上为父亲洗衣服，整理床铺，将作业拿到医院去完成，直到深夜还不能入睡。回到家中，屋子里空荡荡的，从小就胆小的她经常被噩梦惊醒。就这样，在她和妈妈的悉心照顾下，爸爸身体有所好转。

这些生活中的磨难并没有将她打垮，反而让她更加坚强。父亲出院后，她继续肩负起照顾父亲和做家务的重任。每天扫地、整理房间、做饭，帮助父亲做一些简单的康复活动，在院子里晒晒太阳，说说话，鼓励父亲重拾生活的信心。看着父亲一天天好起来，她脸上露出了笑容。虽然每天要按时回家照顾父亲，但她并没有对学习有丝毫怠慢，一如既往加倍努力学习，按时完成作业，学末仍以优异的成绩当选为学习标兵。

如今的她，是一个坚强、勇敢、有毅力、不怕困难、敢于同挫折宣战的好女孩，是一个永远不会向命运低头，永远不会轻易说放弃，永远不服输的好少年！

（岐山县教育体育局）

李庆华——一颗稚嫩而感人的孝心

百善孝为先，孝敬父母，关爱家人，是我们中华民族的传统美德。在学校，她勤奋学习，乐于助人，是同学眼里的好伙伴，是老师眼里的好学生；在家里，她乖巧、勤快，做所有的家务事，帮助家人分担忧愁，是家人眼里的好孩子。她就是麦禾营初级中学学生李庆华。

李庆华出生在一个特别的家庭，爸爸为人老实、忠厚，没有一技之长，只能靠在建筑工地打小工养活一家人。妈妈身有残疾，言语不清，从不与人交流。自李庆华出生，妈妈就从来没有抱过她，甚至没主动对她说过一句话。李庆华从小由年迈的爷爷奶奶抚养长大。在9岁的时候，她的一条腿由于事故造成损伤，至今不能像其他的孩子一样跑、跳。几年后，灾难再次降临在她身上，年幼的弟弟被诊断为先天性发育不良，至今不会说话。一个月中有20天时间，奶奶和弟弟要在医院中度过。为了给弟弟看病，爸爸常年在外打工，不能回家。家里大部分家务落在了她一个人身上。然而，懂事、孝顺的李庆华却选择了坚强面对。

为了能让奶奶安心带弟弟看病，李庆华用柔弱的肩膀尝试着挑起了家庭重担，开始照顾家人。她笑着对奶奶说："奶奶，你放心吧，我能照顾好自己，也能照顾好妈妈。"从此，不管春夏秋冬，她每天5点准时起床，帮妈妈、爷爷做好早饭，等他们吃早饭时，李庆华还会帮妈妈收拾好屋子，打理好一切，然后自己才在厨房迅速吃完早饭，洗好碗筷，骑着车子去上学。她从来没有抱怨过，总是微笑着说："我知道妈妈是爱我的，只是不会表达而已，我要好好照顾她，让妈妈也感受到我对她的爱。"她每天放学回家后总要先去看看妈妈，给妈妈一个微笑，一个拥抱，然后再去做饭，打扫卫生。

她，一个13岁的女孩子，也是渴望别人的照顾和关爱的，每个月她都非常珍惜奶奶和弟弟在家的那几天，如果奶奶在，她放学回家后，奶奶就会做好晚饭，并笑着问她在学校过得怎么样，此时她就觉得自己是世界上最幸福的人。弟弟虽然不会说话，但李庆华仍然乐意每天带着弟弟，她甚至愿意带着弟弟去上学。李庆华知道，弟弟常年待在医院里，每天要接受各种治疗，她不忍心看着年幼的弟弟常年受那份罪，所以只要弟弟在家，她就带着弟弟玩，给他讲故事，唱歌，教他说话。她总是说："只要弟弟能快点好起来，再不用去医院，无论让我干什么，我都会觉得是快乐的。"

为了减轻爷爷奶奶的负担，家务活她总是抢着干。一到周末，她就帮全家人洗衣服、打扫卫生，把屋子里外打扫得干干净净，整整齐齐，别人一点也看不出这个家只有一个13岁的孩子在支撑着。一到农忙时节，脏活、重活她全抢着干，尽量不让年迈的爷爷奶奶干重活，总怕把他们累着。一放暑假，她就去医院照顾弟弟，让奶奶能多点时间休息。李庆华精心照顾家人的孝心感动了周围许多人，大家都对这个善良质朴的姑娘赞不绝口。

在如此艰苦的家庭条件下，李庆华没有放弃学习。在学校里，她尊敬老师，关心爱护同学，学习刻苦、勤奋，她从来没有因为家务活而不按时上学或不按时完成作业，学习成绩一直名列年级前茅。作为班上的学习委员，她总是尽力去帮助学习有困难的同学，耐心地给他们补习功课，同学们都喜欢她，信任她，把她作为学习的榜样。

面对灾难的挑战，李庆华没有退缩，毅然挑起了家庭的重担，艰难困苦没能挫败她对生活的信念，求知的欲望也没有因此而磨灭，她用自己的实际行动为我们唱响了一曲感人的孝心之歌。我们相信，磨难只会是她成长路上的垫脚石，只会让她飞得更高。

（岐山县教育体育局）

参 考 文 献

[1]《大学》，中图书店影印1985年版。

[2]《中庸》，中图书店影印1985年版。

[3]《论语》，中图书店影印1985年版。

[4]《孟子》，中图书店影印1985年版。

[5]《诗经》，中图书店影印1985年版。

[6]《尚书》，中图书店影印1985年版。

[7]《春秋三传》，中图书店影印1985年版。

[8]《周礼·仪礼·礼记》，中图书店影印1985年版。

[9]《帝王世纪》，齐鲁书社2010年版。

[10]《逸周书》，齐鲁书社2010年版。

[11]《竹书纪年》，上海古籍出版社1986年版。

[12]《古本竹书纪年》，齐鲁书社2010年版。

[13]《荀子》，上海古籍出版社1986年版。

[14]《韩非子》，上海古籍出版社1986年版。

[15]（汉）司马迁撰：《史记》，中华书局1982年版。

[16]（晋）陈寿撰，陈乃乾校点：《三国志》，中华书局1982年版。

[17]（宋）朱熹注：《周易本义》，天津古籍书店影印1988年版。

[18]《古文孝经孔氏传》，文正六年（清道光三年）刻本。

[19]（清）牟庭著：《同文尚书》，齐鲁书社1981年版。

[20]《尚书大传》，清乾隆二十一年雅雨堂刻本。

［21］程俊英著：《诗经译注》，上海古籍出版社1985年版。

［22］《列女传》，清乾隆四十四年鲍氏知不足斋刻本。

［23］《锲便蒙二十四孝日记故事》，明万历二十四年周静吾四有堂刻本。

［24］（明）焦竑撰：《养正图解》，明万历刻本。

［25］（清）俞葆真编辑：《百孝图说》，俞泰绘刊，文物出版社2019年版。

［26］孔继汾：《尔雅》，清乾隆二十九年刻本。

［27］东吴浦氏：《说文解字》，清同治十三年刻本。

［28］（清）吴乘权等辑：《纲鉴易知录》，中华书局1960年版。

［29］《岐山县志》，明万历十九年刻本。

［30］《岐山县志》，清顺治十四年刻本。

［31］《岐山县志》，清乾隆四十四年刻本。

［32］《岐山县志》，清光绪十年刻本。

［33］《岐山县志》，民国二十四年刻本。

［34］岐山县"传承周礼优秀文化，弘扬社会主义核心价值观"领导小组办公室编著：《醉美岐山人》，2017年版。

后 记

　　我受岐山县人大常委会原主任、岐山周文化研究会会长傅乃璋先生之托，从2022年9月初开始筹划《周文化传承丛书》之《孝道卷》修编撰写工作，10月初，我将大纲发给傅先生审阅，他高度赞许，嘱我尽快动笔，随之我正式转入资料搜集和归类工作，并开笔撰写有关章节。

　　在编著第一、二、三章的时候，我拜读了四川省社会科学院哲学与文化研究所原任所长、研究员陈德述先生的《继承、弘扬儒家孝道文化的精华》一文，该文旁征博引，内涵宏巨，读之使人深受感动。陈先生总结、提炼、创新、推出的敬爱、奉养、侍疾、承志、立身、谏诤、送葬、追念等八个方面对父母奉行孝道的观点和理论，简明而精辟，尤其符合时宜。此次修编《孝道卷》，我若再动笔复赘性撰写这三章的内容，只能做弃珠玉而用瓦缶之事。鉴此，我基本上分章节原文录用了陈先生的大作，对篇题、文内标题、部分段落和语句、章节设置作了必要性改动，特此说明，并向陈先生致以崇高的敬意和满怀的谢忱。

　　在修编第四章的时候，为了避免与其他几卷历史事件叙述方面的雷同，我力争通过典故的表象来获取其孝道本质，时时处处以阐述八个周文化历史人物的"孝""悌"思想和言行为主导，体现他们的孝行悌举，让后世人去了解和效法，以达到传承和弘扬周礼优秀文化的目的。每篇文作后附录的诗作，以前人诗作为主，对前人未涉及者，补配了我的原创诗作。

千百年来，二十四孝故事在社会上广为流传，脍炙人口，但不少故事里面充盈了很大成分的天命论、唯心论思想，还有很多不合乎逻辑、落后，甚至愚昧的情节。在本次编著第五章的时候，笔者进行了甄别和去除糟粕性的遴选，虽然个别故事里仍有些许上述内容，但其已不伤大化，删之则刀斧之功过伟，故而作了保留。在每篇务求简洁的文作后，我配上了自己原创的七言绝句，力争使诗、文两相辉映，共谐意趣。

第六章是我通过逐一翻检明万历，清顺治、乾隆、光绪，中华民国等五部《岐山县志·人物》后，精心遴选出来的岐山历史孝道（含"悌"）典故。上述五部县志原文均为文言文，辞藻和用典精到，现代人阅读具有一定难度，我将它们遴选出来后，对其作了白话文通译。在通译的过程中，我是带着无限的崇敬和感慨之情，好多次流着眼泪，对这30个岐山历史孝道（含"悌"）典故进行通译的，他们的孝行悌举，让我深受感动，同时也为岐山历史上涌现出的这么多孝子贤孙而感到骄傲和自豪。另外，我特意在每个人物典故的文末撰写了一首七言绝句，试图以提纲挈领、简明扼要的诗作形式，对他们的事迹予以概括和赞颂，以便大家更方便、快捷地记住这些岐山往昔孝道人物的孝典孝行。

第七章笔者仅做了遴选和收录编辑性工作。因为在岐山县"传承周礼优秀文化，弘扬社会主义核心价值观"领导小组办公室编著的《醉美岐山人》一书中，刊载了大量的岐山当今道德模范人物事迹，这是当今岐山道德模范的一个综合性评选和展示平台，尤其在该书的"家庭美德篇"，刊载了大量现代孝道（含"悌"）人物事迹，现成的书籍，现成的文章，笔者从中遴选出了27篇文章，还有县文明办提供的彭宝斌、曾蓉和王西娟的3篇文章，共是30篇文章，30个孝道（含"悌"）典范人物，考虑到文责和版权，笔者在每篇文末标注了原作者姓名或者单位，在此一并表示感谢。

总之，编著《周文化传承丛书》之《孝道卷》，旨在阐清述明以周文化为源头的中华孝道的起源、内涵以及现实意义，尤其当今的孝道我们该从哪些方面去着手和注意；八个周人孝道典范、中华十大孝典、30个岐山践行孝道历史人物故事、30个岐山人弥新孝迹，组成了一幅波澜壮阔的孝悌长卷。我们通过对孝道文化和理论的分析以及阐述，旨在正本清源，让人们学习和明白中华孝理；通过对古今孝迹孝典的罗列旌表，旨在让人们以前哲先贤为榜样，以现代典型为模范，唤起社会上的每个人传承和弘扬周文化，善待父母，践行孝道，从而达到正风化俗，引导社会从善如流的由衷目的。

由于时间仓促，加之水平有限，书中难免存在不少不足和舛误，恳请社会各界人士不吝赐教，以资著者学习和改进。

刘剑峰

2023年5月

跋

2021年10月，我有幸当选为第三届岐山周文化研究会会长，在会员代表大会上，我表态要学习继承前任经验，按照创造性转化、创新性发展的思路，拓宽研究领域，在周文化传承践行上下功夫、做文章，使地方优秀传统文化更好地服务于经济社会发展。按照县委、县政府"做活周文化"战略部署，经过反复讨论，我们提出编撰一套《周文化传承丛书》，涉及《勤廉卷》《德行卷》《诚信卷》《家风卷》《教育卷》《孝道卷》《礼俗卷》《人物卷》共八卷，挖掘整理历史典故和民间故事，垫实基础文化资料，找准主题内容的源头，然后从历代传承入手，理清传承人物和传承故事，包括岐山人的传承践行事迹。要求语句通俗易懂，不穿靴戴帽，成为大众通俗读本和老百姓的"口袋书"。思路理清后，我们召开周文化研究会常务理事扩大会议，反复修改讨论，广泛征求意见。同时，征求了宫长为、孟建国、范文、霍彦儒、王恭等专家学者的意见和建议，并与杨慧敏、郑鼎文、刘剑峰同志反复沟通协商，提出编撰大纲。再次召开周文化常务理事扩大会议，进行讨论修改，落实撰写人员，明确分工任务，确定完成时限。随后，我向县委书记杨鹏程、县长张军辉分别汇报，得到了领导的肯定和支持，要求抓紧编撰，打造周文化传承精品工程。

　　《周文化传承丛书》八卷本大纲确定之后，各位撰稿人踊跃积极撰写，主动走访座谈，广泛搜集资料。年逾古稀的老会长郑鼎文先生冒着酷暑，坚持每天撰写在10小时以上。刘剑峰同志为了搜集孝道方面的内容，翻阅了大量文史资料，走访了多名文化人士，当他搜集到历代岐山人传承孝道的感人故事时，流下了热泪，为岐山人传承孝道而感动。青年作者马庆伟同志，承担着《德行卷》和《诚信卷》两大编撰任务，他白天忙于机关工作，利用晚上和休息日加班撰写，有时写到天亮，家属多次催他休息，他趴在桌子上打个盹又继续写作。每位编撰人员认真勤奋刻苦敬业的编撰故事，件件令人感动，催人奋进！有的作者风趣地说，《周文化丛书》人称"周八卷"，我们现在编撰的是"新八卷"，新八卷是《周文化丛书》的继承和发展。编委会要求高质量完成编撰任务，既要体现周文化的博大精深，又要传承发扬光大，从而使周文化深深扎根于读者的心坎里！

　　《周文化传承丛书》的编撰发行，离不开各级党政组织和社会各界的大力支持与厚爱。宝鸡市社科联周文化资深学者王恭先生，担任本丛书编辑和统稿工作，从2022年10月开始，王恭先生对送来的丛书初稿，按照体例要求，逐字逐句推敲，认真仔细修改，为丛书出版做出了贡献！中国先秦史学会会长宫长为先生对丛书编撰给予精心指导，并为本丛书作序，对丛书给予充分肯定，鼓励要求我们大力挖掘周文化资源，花大力气传承周礼优秀文化，使周文化彰显璀璨魅力。县人大常委会主任王辉，县政协主席刘玉广对丛书编撰出版工作给予大力支持、精心指导。县委常委、宣传部部长王武军对丛书编撰工作高度重视，要求高质量完成编撰任务。县文化和旅游局局长杨慧敏在丛书编撰过程中，从历史典故、历代传承到现代传承提出了意见和建议，对丛书出版予以精心指导。在出版社审稿期间，马庆伟同志对书稿又进行认真核校，并与出版社衔接沟通，精益求精，力求做到万无一失。

由于丛书编撰时间紧迫，内容还缺乏系统性和完整性，词汇和语句有许多不足和缺陷，有些典故和传承故事难免出现重复，望广大读者给予指导雅正，以便更进一步做好编撰工作。

岐山周文化研究会会长　傅乃璋

2023 年 12 月